Bettina Gräf
Rezo, Ramstein und Drohnentötungen im Jemen

Diskussionspapiere – Wirtschaft, Gesellschaft und Geographie im Vorderen Orient

---

Herausgegeben von
Steffen Wippel

Band 121

Bettina Gräf

Rezo, Ramstein und Drohnentötungen im Jemen

Ein islamwissenschaftlicher Werkstattbericht

DE GRUYTER

ISBN 978-3-11-074907-6
e-ISBN (PDF) 978-3-11-074908-3
e-ISBN (EPUB) 978-3-11-074917-5

Library of Congress Control Number: 2021942369

Bibliografische Information der Deutschen Nationalbibliothek
Die Deutsche Nationalbibliothek verzeichnet diese Publikation in der Deutschen Nationalbibliografie; detaillierte bibliografische Daten sind im Internet über http://dnb.dnb.de abrufbar.

© 2021 Walter de Gruyter GmbH, Berlin/Boston
Druck und Bindung: CPI books GmbH, Leck

www.degruyter.com

In Liebe für Herrn D.
sowie
für Lasse, Levent, Scheikh und Umayma

Danksagung

Ich möchte meinen studentischen Mitarbeiterinnen Sarah El Sheimy, Simon Kahn-Ackermann und insbesondere Hanna Friedel für die Unterstützung bei der Arbeit an diesem Text danken.

Darüber hinaus danke ich den Mitarbeiterinnen am Institut für den Nahen und Mittleren Osten an der Ludwig-Maximilians-Universität München für die kollegiale Zusammenarbeit.

Ruth Mas möchte ich für viele anregende Gespräche im Zusammenhang mit dieser Forschung und Ieva Zakareviciute für die intensive Kooperation in den Jahren 2018 und 2019 danken.

Mein Dank gilt auch Steffen Wippel für seine großzügige Herausgebertätigkeit.

Alle verbleibenden Fehler sind meine eigenen.

Außerdem danke ich meiner Mutter Gisela Gräf sowie Tobias Doetsch und Elke Posselt von Herzen.

Inhalt

1 **Disziplinierter Zugang** —— 1

2 **Drohnenbezogene Ereignisse im Jahr 2019** —— 6

3 **Mediale Repräsentation von Drohnentötungen** —— 8
3.1 Die englischsprachige Berichterstattung —— 8
3.2 Die deutschsprachige Berichterstattung —— 14
3.3 „layš qaṭaltū usratī?" Die Tücken einer universalen journalistischen (Bild)Sprache —— 20

4 **Rezos Video-Essay: „Sonst entscheiden Rentner über eure Zukunft und geil ist das nicht"** —— 26
4.1 Drohnentötungen via Ramstein —— 26
4.2 „Krieg und zerplatzende Menschen" —— 28
4.3 Rezos Sprache: „AKK? LOL!!! =D =D =D" —— 31
4.4 Berichterstattung über Rezos Video-Essay —— 34
4.5 Frühstück mit Drohne —— 37

5 **Fazit** —— 40

Tabellenanhang —— 45

Literatur —— 47

Tabellen

Tab. 1: Berichterstattung über die Klagen Faisal bin Ali Jabers im Mai 2015 und März 2019 sowie über Rezos Video „Die Zerstörung der CDU" im Mai 2019 —— 45
Tab. 2: Abbildungen in der Berichterstattung über die Klagen Faisal bin Ali Jabers —— 46

Abkürzungsverzeichnis

AFP	Agence France-Presse
BBC	British Broadcasting Corporation
BMVg	Bundesministerium der Verteidigung
CDU	Christlich Demokratische Union Deutschlands
CIA	Central Intelligence Agency
CNN	Cable News Network
CSM	Christian Science Monitor
dpa	Deutsche Presse-Agentur
ECCHR	European Center for Constitutional and Human Rights
EPA	European Press Agency
FAZ	Frankfurter Allgemeine Zeitung
HBO	Home Box Office (amerikanisches Pay-TV)
IT	Informationstechnik
MEJCC	Middle East Journal of Culture and Communication
min	Minute
NDR	Norddeutscher Rundfunk
NGO	Non-governmental organization / Nichtregierungsorganisation
NSA	National Security Agency
NYT	New York Times
Pegida	Patriotische Europäer gegen die Islamisierung des Abendlandes
SPD	Sozialdemokratische Partei Deutschlands
SZ	Süddeutsche Zeitung
taz	Die Tageszeitung
TBIJ	The Bureau of Investigative Journalism
UAV	Unmanned aerial vehicle / unbemanntes Luftfahrzeug
UN	United Nations / Vereinte Nationen
VerfBlog	Verfassungsblog

1 Disziplinierter Zugang

In der Einleitung zu seinem einfühlsamen, hellsichtigen und interdisziplinär erarbeiteten Sammelband *Kriegsmaschinen: Roboter im Militäreinsatz*, erschienen im Jahr 2012, bemerkte Hans-Arthur Marsiske über die deutsche Presse: „Namhafte Zeitungen und Zeitschriften lehnen Artikel zu Militärrobotern ab, weil sie nichts Militärisches im Blatt haben wollen".[1] Es seien aber gerade „westliche Staaten", die sich von „der Robotisierung des Militärs besonders angezogen fühlen." Dafür seien vor allem kulturelle Gründe verantwortlich. Roboter seien im Westen einfach cool. Von daher meint der Autor „muss das Thema auch und vor allem auf der kulturellen Ebene verhandelt werden."[2]

Im gleichen Atemzug prophezeite Marsiske, dass sich die Technologie schnell entwickeln und unser aller Leben verändern werde. Heute, knapp zehn Jahre später, betreffen die spürbaren Veränderungen im Bereich der Militärtechnologie nur Länder, die aus deutscher, europäischer und amerikanischer Perspektive als entlegen gelten, wie Pakistan, Afghanistan, Jemen und Somalia. Vor allem IT-Spezialistinnen, Militärtechnikerinnen und Expertinnen in den *Security Studies* beschäftigen sich mit dem Phänomen; seltener Philosophinnen, Rechtsexpertinnen und Psychologinnen.[3] Letztere reflektieren über die Sichtweise der in die militärischen Handlungen mit Drohnen unmittelbar involvierten Personen, vor allem die der Drohnenpilotinnen und, weniger häufig, die der Opfer von lückenloser Überwachung und Drohnenangriffen.[4] Die Sichtweise der Opfer und ihrer Angehörigen selbst droht in der Debatte schnell verloren zu gehen.[5]

Nahostexpertinnen und Islamwissenschaftlerinnen, die sich professionell mit der Region und ihren Bewohnerinnen auseinandersetzen, waren vor zehn Jahren überwiegend damit beschäftigt, die im Deutschen oft als Arabischer

---

1 Marsiske 2012a, 4. Ganz ähnlich äußerte sich die Philosophin und Mediensoziologin Jutta Weber. Im Jahr 2009 hatte es *Die Zeit* kurzfristig abgelehnt einen von ihr geschriebenen Artikel über Drohnen zu publizieren, „als noch niemand in Europa oder den USA darüber sprach", mit der Begründung, „dass ihre Leserschaft an so finsteren Themen nicht interessiert sei", vgl. Weber 2020, 285.
2 Marsiske 2012a, 5.
3 Ich benutze in diesem Text überwiegend das generische Femininum.
4 Vgl. *Théorie du Drone* des Philosophen Grégoire Chamayou, erschienen 2013 auf Französisch und 2015 auf Englisch, sowie die Studie der International Human Rights and Conflict Resolution Clinic at Stanford Law School zu den psychologischen Auswirkungen von Drohnenoperationen auf die Zivilbevölkerung in Pakistan, veröffentlicht im Jahr 2012. Vgl. auch o.A., *ECCHR*, 22.5.2015, zur Klage des Jemeniten Faisal bin Ali Jaber, auf die ich mich im Folgenden beziehe.
5 Vgl. aber z.B. Weber 2012, Feroz 2017 und Osman 2017.

Frühling bezeichneten Revolutionen⁶ zu verstehen, die so viele Hoffnungen freisetzten. Man erörterte, warum man die Ereignisse nicht vorhergesehen hatte, was aus ihnen folge und welche Forschungsprojekte man jetzt anvisieren müsse.⁷ Die Revolutionen wurden zudem als Twitter- bzw. Facebook-Revolutionen bezeichnet, und eine Reihe von Forschungsprojekten wandte sich im Folgenden entsprechend dem Potential der neuen und sozialen Medien für politische Partizipation, Vernetzung und Redefreiheit zu.⁸

Dieselbe Technologie der internetbasierten Kommunikation wurde unterdessen in der Region für den Kampf gegen Terroristen mittels militärischer Roboter eingesetzt, ohne dass darüber öffentlich diskutiert wurde oder sich Nahostexpertinnen in neu angelegten Forschungsprojekten damit beschäftigt hätten.⁹ Der Krieg mittels Drohnentechnologie, der auf einer öffentlich nicht sichtbaren Architektur globaler Kommunikationswege basiert, wurde kaum thematisiert,¹⁰ während den neuen, kommerziell genutzten Kommunikationstechnologien in Bezug auf die Revolutionen sowohl in Zeitungen, Zeitschriften und im Internet als auch im akademischen Feld ein sehr starkes Gewicht beigemessen wurde.¹¹

Dieser Widerspruch hat mich seither beschäftigt, und ich begann Material zu Drohnentechnologie und Drohnentötungen zu sammeln, vorerst ohne zu wissen, wie ich das Thema angemessen in der Islamwissenschaft behandeln könnte. Die Tatsache, dass Drohnentötungen ohne vorherige Gerichtsverfahren bisher nur in muslimischen Mehrheitsgesellschaften durchgeführt wurden und die Mehrzahl der zivilen Opfer von Drohnentötungen Musliminnen sind, schien mir zunächst als Argument nicht auszureichen. Und dies, obwohl es kaum zu übersehen ist, dass Muslime seit dem amerikanisch geführten Krieg gegen den Terror weltweit zunehmend unter Druck geraten.¹²

---

6 In Ägypten wird an die Ereignisse z.B. als „Revolution des 25. Januar" (*ṯawra 25 yanā'ir*) erinnert, vgl. Schielke 2011.
7 So fand vom 24.2. bis 26.2. 2012 an der Universität Leipzig unter dem Titel „Realigning Power Geometries in the Arab World" eine von der VW-Stiftung finanzierte Konferenz statt, auf der über die zukünftige Forschung über arabische Regionen reflektiert wurde. Vgl. zum Arabischen Frühling z.B. Schneiders (Hg.) 2013.
8 Vgl. Salvatore 2011, Gonzales-Quijano 2014 und Richter/El Difraoui (Hgg.) 2015.
9 Vgl. aber Lubin/Kraidy (Hgg.) 2016.
10 Vgl. z.B. die Drucksache 18/11023 des Bundestags vom 25.1.2017 und für eine Kritik der in die globale Internetkommunikation eingebauten Hierarchien die Aufsatzsammlung von Steyerl 2012.
11 Vgl. kritisch Armbrust 2012 und Kossow/Saliba 2017.
12 Vgl. z.B. Asad 2007, Ibrahim 2007, Puar 2007, Weidner 2011, Mas 2018, Vora et al. 2020 und Weidner 2021.

Seit ich allerdings das erste Mal auf eine Fotografie von Anti-Drohnen-Graffiti aus Sanaa stieß, die in der *New York Times* (NYT) vom 20. Dezember 2013 abgebildet wurde, bestätigte sich, dass ein möglicher Zugang zu der Thematik Drohnentechnologie und -tötungen ein kultur- und medienwissenschaftlicher sein könnte. Das Foto zeigt zwei Männer – sie tragen Kleid, Jacket und lose umgehängtes Tuch, Gürtel und Krummdolch –, die an einer Mauer mit mehreren Anti-Drohnen-Graffiti vorbeilaufen. Eines der Graffiti stellt einen schwarz-weiß gezeichneten Kreis dar, angelehnt an das Symbol für Yin und Yang, mit einer weißen Friedenstaube auf schwarzem Untergrund auf der einen Seite und einer schwarzen Drohne auf weißem Grund auf der anderen. Das zweite Graffito auf der Fotografie zeigt eine durchgestrichene schwarze Drohne, die über weiße Hochhäuser und einen Mann in landesüblicher jemenitischer Kleidung, ähnlich den zwei an der Mauer vorbeilaufenden Männern, fliegt. Die Bildunterschrift zu jenem Foto lautete:

> A mural depicting an American drone in Sana, Yemen's capital. A strike last week on a wedding convoy killed at least 12 people. Mohammed Huwais/Agence France-Presse – Getty Images.[13]

Sowohl die Graffiti selbst als auch die Tatsache, dass deren Fotografie unter den Meldungen der französischen Presseagentur AFP und in der Bilddatenbank *Getty Images* zu finden ist und deshalb digital beliebig eingesetzt werden kann, erregten meine Aufmerksamkeit. Auch die Bildunterschrift fand ich interessant, da der Drohnenangriff, der im Dezember 2013 eine Hochzeitsgesellschaft traf, im Südjemen stattfand, nicht im Norden und nicht in der Hauptstadt Sanaa. All dies erinnerte mich an den programmatischen Text von Annabelle Sreberny in der ersten Ausgabe des *Middle East Journal of Culture and Communication* (MEJCC). Sie kritisierte dort die herkömmliche europäische und nordamerikanische Medienberichterstattung und den Ansatz der sich mit ihnen beschäftigenden Medienwissenschaften. Er ließe wenig Raum für die Imagination und Repräsentation von sozialen und politischen Wirklichkeiten in anderen Regionen als denen, die sich über „Western industrial capitalism, liberal democracy and bounded nation-states" definierten.[14] Als alternative Methode schlug sie vor, Medienanalyse sowohl von Innen als auch von Außen zu betreiben:

---

13 Mazetti/Worth, *NYT*, 21.12.2013. Ich habe mich entschieden, die Bilder, auf die ich verweise, hier nicht zu reproduzieren. Man findet sie jedoch unter den in der Bibliographie angegebenen Internetadressen der jeweiligen Artikel.
14 Sreberny 2008, 9.

> A more grounded cultural studies would explore the range of representations (...) that are produced from within and circulate about the region.¹⁵

Der Drohnenkrieg und die digitale Kommunikation sind Teil einer neuen globalen Bildschirmkultur. Ob und wie Drohnentötungen in verschiedene Medien präsentiert werden, scheint mir inzwischen eine relevante Forschungsfrage zu sein, die ich zudem innerhalb einer auf zeitgenössische Phänomene orientierten Islamwissenschaft beantworten kann. Normalerweise beschäftigt sich die Islamwissenschaft mit Texten auf Arabisch und in anderen Sprachen, wie z.B. Judäo-Arabisch, Hebräisch, Türkisch, Osmanisch, Persisch, Urdu und Paschtu sowie Chinesisch und Indonesisch, um nur einige zu nennen. Diesen ringt sie mit verschiedenen analytischen Methoden wie Hermeneutik oder Diskursanalyse Erkenntnisse über islamische und islamisch geprägte Textgenres, Disziplinen, Institutionen und Praktiken sowie Macht- und Gesellschaftsverhältnisse in Geschichte und Gegenwart ab.¹⁶ Seit einiger Zeit spielen die Materialität und Ästhetik der Texte eine wichtige Rolle ebenso wie der Zugang zu muslimischen Lebenswelten über Ton- und Bildanalyse.¹⁷ Genau hier setzt meine Forschung an, indem ich sowohl nach textlichen als auch nach visuellen und akustischen Repräsentationen von militärischer Drohnentechnologie und von Drohnentötungen in verschiedensprachigen kommerziellen und nicht-kommerziellen Medien frage.¹⁸

Der vorliegende Text ist demnach Teil einer größeren Arbeit. Im Sinne einer transregionalen Kulturwissenschaft analysiere ich Repräsentationen von Drohnentötungen nach 9/11, die sowohl in der Region als auch außerhalb produziert

---

15 Sreberny 2008, 17.
16 Vgl. für eine Bestandsaufnahme Poya/Reinkowski (Hg.) 2008 und für den neueren Berliner Zugang, Islamwissenschaft crosskulturell, transregional und transdisziplinär zu betreiben, exemplarisch die Berlin Graduate School Muslim Cultures and Societies (BGSMSC), vgl. Gräf et al. (Hg.) 2018. Siehe für eine kritische Reflexion über die Thematik Islam in Europa Amir-Moazami 2018a und zu den neu gegründeten Lehrstühlen für Islamische Theologie an deutschen Universitäten Rohde 2020.
17 Vgl. für einen Zugang über Sound und Hören z.B. die Anthropologen Hirschkind 2006 und Eisenlohr 2018 und für eine audiovisuelle Analyse Günther/Pfeifer (Hg.) 2020. Zu Ästhetik und islamisch konnotierten Konsumpraktiken im globalen Kapitalismus siehe z.B. Abaza 2006 und Kokoschka 2019.
18 Ich verwende hier die Unterscheidung „etablierte Medien" und „Internet-basierte Medien" nach Esch 2018, beachte aber zudem die Unterteilung in kommerzielle und nicht-kommerzielle Medien, letztere sind z.B. öffentlich-rechtliche und Community-Medien, vgl. Fuchs 2020, 229ff. Vgl. auch Hachmeister et al. 2018 zu den Herausforderungen für die deutsche und europäische Medienpolitik durch „globale Medien-, Technologie- und Wissenskonzerne neuen Typs." Vgl. auch die etwas älteren Überlegungen zur medialisierten Gesellschaft in Wiedemann u. Lauffer (Hg.) 2003.

werden. Darüber hinaus interessiert mich die crossmediale Zirkulation von Textbausteinen, Bildern und Sounds in Bezug auf militärisch genutzte Drohnentechnologie.[19] Was den theoretischen Rahmen der gesamten Forschung angeht, so leitet mich die These des französischsprachigen Geographen Jacques Lévy, der 2007 in einem Aufsatz in der Zeitschrift *L'information géographique* formulierte, dass Globalisierung an sich als Übergang verstanden werden müsse von einer Situation, in der Kontrolle über Territorien ausgeübt wurde, zu einer, in der Netzwerke kontrolliert werden.[20] Demnach würde sich auf lange Sicht die Vorstellung von einem Innen und einem Außen erübrigen und territoriale würden durch andere Kontrollmechanismen ersetzt werden.

Im Folgenden beschäftige ich mich mit der deutschsprachigen Diskussion über das Phänomen Drohnentötungen (mit einer kurzen Hinführung über die englischsprachige mediale Debatte) und beantworte dabei die Frage, wie das Thema bisher in verschiedenen Medien diskutiert wurde. Dies involviert neben Überlegungen zu geographischen und machtpolitischen Konstellationen auch generationale Unterschiede in der Nutzung von Medien. Ich nehme Ereignisse im Zusammenhang mit Drohnentötungen aus dem Jahr 2019 zum Anlass für eine Untersuchung darüber, in welcher Chronologie das ferngesteuerte Töten bisher in den etablierten deutschsprachigen kommerziellen Printmedien (und ihren Online-Ausgaben) diskutiert und auf welche Weise diese Lesart und Rezeption auf anderen Kanälen wie Youtube herausgefordert wurde.[21] Die Gegenüberstellung von etablierten und internetbasierten Medien am Beispiel der Repräsentation von Drohnentötungen wird zudem von der Frage geleitet, welche der beiden öffentlichen Kommunikationsformen eher das Potential hat, auf politische Entscheidungsprozesse einzuwirken. Es wird sich zeigen, dass in Bezug auf außergerichtliche Drohnentötungen beide Formen in ihrer Verschiedenheit, was Sprache, spezifische Inhalte und Publika betrifft, bisher wenig Einfluss auf politische Entscheidungsprozesse in der Bundesrepublik Deutschland nehmen.

---

19 Vgl. neben Sreberny 2008 auch Appadurai 1996, 2013 und 2019. Kritisch in Bezug auf die Grenzen von Repräsentationspolitik und -forschung jedoch Steyerl 2011 und Osman 2017. Vgl. für Überlegungen, wie „Raum" als analytische Kategorie zur arabischen Medien- und Kulturforschung beiträgt, El-Hibri 2017.
20 Vgl. Lévy 2007.
21 Mein Interesse ist dabei zum einen ein persönliches, weil ich 1997 als angehende Islamwissenschaftlerin im Südjemen gelebt und Freundschaften zu Leuten geknüpft habe, die immer noch dort leben, und zum andern ein islam- und regionalwissenschaftliches.

2 Drohnenbezogene Ereignisse im Jahr 2019

Anfang März 2019 berichtete die französische Nachrichtenagentur AFP, dass US-Präsident Donald Trump eine Regelung seines Vorgängers Barack Obama aus dem Jahr 2016 rückgängig gemacht hatte, nach der die Geheimdienstbehörde *Central Intelligence Agency* (CIA), die von ihr verübten Drohnentötungen im Zuge des von den USA geführten, sogenannten globalen Kriegs gegen den Terror (*global war on terror*) öffentlich hatte machen müssen.[22]

Ebenfalls im März 2019 entschied das Oberverwaltungsgericht in Münster in der zweiten Instanz im Fall der Klage von Faisal bin Ali Jaber gegen die deutsche Bundesregierung.[23] Es revidierte damit ein Urteil des Verwaltungsgerichts Köln aus dem Jahr 2015. Der Jemenite hatte bei einem amerikanischen Drohnenangriff im Jahr 2012 zwei Verwandte verloren und daraufhin 2015 mit Hilfe des *European Center for Constitutional and Human Rights* (ECCHR) die deutsche Bundesregierung verklagt. Da sich, so lautete die Anklage, die amerikanische Militärbasis Ramstein, ohne die Drohnentötungen technisch nicht ausführbar sind, auf deutschem Territorium befindet, habe die BRD eine Mitverantwortung. Sie sei jedoch ihrer grundsätzlichen Schutzpflicht nicht nachgekommen.[24]

Im Mai 2019 veröffentlichte der deutsche Musiker und Youtuber Rezo unter dem Titel „Die Zerstörung der CDU" ein viel beachtetes Video mit einer immensen Reichweite, in welchem er unter anderem ausführlich Deutschlands Verantwortung im Drohnenkrieg thematisierte.[25]

Im Dezember 2019 führte Frankreich seine erste eigenständige Drohnenoperation in Mali durch, in der sieben Menschen getötet wurden.[26]

Die Bezeichnung Drohnenkrieg (*drone warfare, drone war*)[27] wird in der journalistischen und wissenschaftlichen Literatur synonym für den offiziellen Terminus „bewaffneter Konflikt mittels unbemannter Luftfahrzeuge" verwendet, den

---

[22] Vgl. o.A., *Dawn*, 7.3.2019, o.A., *Deutsche Welle*, 7.3.2019 und o.A., *Zeit Online*, 7.3.2019.
[23] Vgl. Bothe, *VerfBlog*, 21.3.2019. Das neueste Urteil des Bundesverwaltungsgerichts in Leipzig im Fall Faisal bin Ali Jaber im November 2020, fiel hinter dieses Urteil aus Münster zurück. Vgl. Skowronek, *Zeit Online*, 26.11.2020.
[24] Vgl. Starski, *VerfBlog*, 16.6.2015. Vgl. auch o.A., *ECCHR*, 22.5.2015.
[25] Rezo 18.5.2019a. Die Berichterstattung über mit Drohnen geführte Kriege in Syrien, Libyen und Bergkarabach wird hier nicht erörtert. Vgl. u.a. Podcast *Sicherheitshalber* Folge 35, 24.10.2020.
[26] Vgl. Brownsword, *Dronewars.net*, 25.8.2020.
[27] Auf Arabisch werden Drohnen entweder als $ṭā'irāt\ dūn\ ṭayyār$ (unbemannte Flugzeuge) oder als *ad-drūnz* bezeichnet. Für Drohnenkrieg findet man die Bezeichnungen *al-ḥarb aṣ-ṣāmita* (leiser Krieg) oder *al-ḥarb al-amīrikiyya* (amerikanischer Krieg). Vgl. o.A., *Al Jazeera*, 1.10.2011.

https://doi.org/10.1515/9783110749083-002

die USA seit 2002 als Vergeltung gegen die Terroranschläge vom 11. September 2001 vor allem in Afghanistan, in Pakistan, im Südjemen und in Somalia führen.[28] Der Geograph Derek Gregory spricht in diesem Zusammenhang von einem „everywhere war", einem Krieg, der stets überall stattfinden könne und symptomatisch sei für den neuen „American way of war" und die spätmoderne Kriegsführung. Diese habe eine bestimmte, neue Qualität: „One of the characteristics of late modern war is the emergent, ‚event-ful' quality of military, paramilitary and terrorist violence that can, in principle, occur anywhere."[29]

Im Prinzip kann dieser Krieg plötzlich und überall stattfinden, aber im Moment findet er mit all seinen Effekten nicht bei uns statt, nicht in Deutschland und nicht in Europa, allenfalls als Medienereignis in unseren Wohnzimmern und an unseren Bildschirmen.[30]

---

[28] Die deutsche Bundesregierung teilt den Wortgebrauch „Drohnenkrieg" nicht. Für Drohnen benutzt sie den englischen Ausdruck *unmanned aerial vehicle* (UAV) und für Krieg die Bezeichnung „bewaffneter Konflikt". Vgl. die Drucksache des Bundestags 18/11023, 25.1. 2017, 3. Siehe für die Reflexion über die Benennung von Drohnen aus Perspektive der *Gender Studies* Franke 2014. Siehe zu feministischen Zugängen, über Gewalt in Zeiten von digitalem Krieg zu forschen und zu berichten, Dyer/Ivens 2020.
[29] Gregory 2011.
[30] Vgl. zu den neuen Kriegen, welche Militär und Kommunikationsmedien, vor allem Unterhaltungsmedien wie Spielfilme, TV-Serien und Computerspiele, stärker ineinander binden als jemals zuvor, Marsiske (Hg.) 2012b, Parcell/Webb (Hg.) 2015 und Lubin/Kraidy (Hg.) 2016.

3 Mediale Repräsentation von Drohnentötungen

Meine Recherche und Materialsammlung zur Berichterstattung über Drohnentötungen bezog sich zunächst auf drei Ereignisse: das erwähnte Gerichtsverfahren gegen die deutsche Bundesregierung im Mai 2015 in Köln, die Verhandlung in der zweiten Instanz am Oberverwaltungsgericht Münster im März 2019[31] und die Veröffentlichung von Rezos Video-Essay im Mai 2019.[32] Davon ausgehend recherchierte ich weitere mediale Auseinandersetzungen auf verschiedenen Plattformen und in weiteren Sprachen (neben Deutsch auch auf Englisch, Französisch und Arabisch), weitete dies zeitlich auf entsprechende Ereignisse zwischen 2002 und 2020 aus und legte dafür eine Datenbank an. Im vorliegenden Text rekonstruiere ich zunächst die englischsprachige Auseinandersetzung mit Drohnentötungen, die mir als Folie dienen wird für eine Skizze der deutschsprachigen Berichterstattung.

3.1 Die englischsprachige Berichterstattung

Am 4. Februar 2002 setzte eine Drohne vom Typ *Predator* (Raubtier) eine *Hellfire*-Rakete auf drei Männer in der Nähe der Stadt Khost in Afghanistan ab und tötete sie, weil man glaubte, einer der Männer sei Usama bin Laden:

> After the February 2002 strike, military officials quickly acknowledged that the "tall man" was not bin Laden. But they insisted the targets were "legitimate," although they struggled to explain why, using vague and even coy language to cover up what appeared to be uncertainty. Pentagon spokeswoman Victoria Clark said, "We're convinced that it was an appropriate target". But she added, "We do not know yet exactly who it was."[33]

---

31 Vgl. für das neueste Urteil des Bundesverwaltungsgerichts in Leipzig im Fall Faisal bin Ali Jaber im November 2020, das ich in diesem Text nicht mehr systematisch behandeln konnte, Skowronek, *Zeit Online*, 26.11.2020.
32 Im Mai 2015 recherchierte ich 20 Artikel und im März 2019 25 Artikel in folgenden Medien: FAZ, SZ, *Der Tagesspiegel*, taz, *Der Spiegel*, *Der Freitag* und *Die Zeit* bzw. *Zeit Online* sowie auf der Online-Plattform *Deutsche Welle*. In der ersten Woche nach dem Erscheinen von Rezos Video-Essay am 20. Mai 2019 recherchierte ich in denselben Organen 96 Artikel zu Rezo, wovon sich 17 mit der Drohnenthematik beschäftigten, vgl. Tabelle 1 im Anhang. Alle in diesem Text benutzten Zeitungsartikel finden sich im Literaturverzeichnis.
33 Sifton 2012. Vgl. auch Bröckling 2016, 291 und Oliver 2014, ab min 7:08. Es stellte sich später heraus, dass die drei getöteten Männer Unbekannte gewesen waren, die nach Metall gesucht hatten, vgl. Hersh, *The New Yorker*, 16.12.2002.

Nach dem zweiten bewaffneten Drohnenangriff mit erfolgter Tötung durch die CIA, der am 3. November 2002 durchgeführt worden war und bei der Ali Sinan al-Harithi, den man für die Angriffe auf das Kriegsschiff USS Cole im jemenitischen Aden im Jahr 2000 verantwortlich machte, und fünf weitere Menschen im Jemen getötet worden waren, sprach Paul Wolfowitz als stellvertretender Verteidigungsminister unter George W. Bush öffentlich über diese neue militärische Taktik als sehr erfolgreich und fügte hinzu: „and one hopes each time you get a success like that, not only to have gotten rid of somebody dangerous but to have imposed changes in their tactics and operations and procedures."[34]

Unmittelbar nach dieser ferngesteuerten Tötung berichteten darüber in englischer Sprache neben CNN die britische BBC und *BBC News Online*, die amerikanische *Los Angeles Times*, NYT, *The Tech/Washington Post*, *Christian Science Monitor* (CSM) und der *New Yorker*, des Weiteren die australische Tageszeitung *The Age* und die englischsprachigen *Gulf News* aus den Vereinigten Arabischen Emiraten.[35] *Los Angeles Times*, NYT, CSM und *New Yorker* widmeten dem Thema ausführliche Kommentare. Seymour M. Hersh, der sich in den folgenden Jahren intensiv und öffentlich mit den Folterungen im irakischen Abu Ghraib-Gefängnis auseinandersetzen sollte, schrieb im *New Yorker* ein längeres Essay über die neue Art der Kriegsführung als Menschenjagd (*manhunting*).[36] Der Text endete

---

34 Drones Team, *TBIJ*, 2011. Vgl. auch Krishnan 2012, 75.
35 Vgl. Drones Team, *TBIJ*, 2011. *The Bureau for Investigative Journalism* (TBIJ), gegründet 2010 von Elaine Potter, sammelt, analysiert und veröffentlicht Angaben über Drohnenangriffe, Verletzte und Getötete in Afghanistan, Pakistan, Jemen und Somalia. Seit Februar 2020 übernimmt die 2014 gegründete zweisprachige NGO *Airwars/al-Ḥurūb al-ǧawwiyya* (Luftkriege) die Beobachtung der Drohnenangriffe in Pakistan. Gründer und Direktor Chris Wood hatte auch das Drohnenprojekt von TBIJ gegründet.
36 Hersh, *The New Yorker*, 16.12.2002. Der ehemalige Elitesoldat George Crawford publizierte 2008 ein Buch mit dem Titel *Manhunting: Reversing the Polarity of War*, vgl. Krishnan 2012, 14f. Im Jahr 2011 veröffentlichte der französische Philosoph Grégoire Chamayou in der Tageszeitung *Libération* einen Artikel, in welchem er Hershs Gedanken aufgreift und von einer neuen Kriegsführung spricht, die der Menschenjagd mehr ähneln würde als dem Krieg im ursprünglichen Sinn eines Duells (nach von Clausewitz). Er brachte diese Art zu töten mit den Lynchmorden in Zusammenhang, die die amerikanische Geschichte der Sklaverei und Rassentrennung kennzeichneten. Diese Ideen hatte Chamayou zuvor in einem Buch ausgeführt (2010). Auf Englisch erschien 2011 in der Zeitschrift *Radical Philosophy* unter dem Titel „The manhunt doctrine" eine längere Version des Artikels bzw. kürzere Version des Buches. Vgl. auch sein 2013 erschienenes Buch *Théorie du Drone*, das auf Englisch 2015 unter dem Titel *A Theory of the Drone* veröffentlicht wurde. Herfried Münkler kommentiert Chamayous Ansatz als einen nostalgischen Rückfall ins heroische Zeitalter des 19. Jahrhunderts, mit dem Idealbild des Kampfes Mann gegen Mann, das er für postheroische Gesellschaften nicht mehr für angemessen hält, siehe Encke, Münkler, *FAZ*,

pointiert mit einer Bemerkung, die die längerfristigen Auswirkungen dieser neuen Strategie hinterfragt:

> The Hellfire attack in Yemen was applauded by many Americans, and also by the media, as progress in the war against terrorism. There were only a few public complaints. Anna Lindh, the Swedish foreign minister, declared that the American military attack, even with Yemeni approval, "is nevertheless a summary execution that violates human rights." She added, "Even terrorists must be treated according to international law. Otherwise, any country can start executing those whom they consider terrorists." [37]

Hershs Artikel war mit einer Zeichnung des französischen Künstlers Guy Billout illustriert. Sie zeigt aus der Distanz einen Mann, der ein Gewehr tragend, gebeugt und Fußspuren folgend durch die Wüste läuft. Seine eigenen Spuren verschwinden hinter ihm im Sand. Er ist komplett in schwarz gezeichnet und trägt auf dem Oberarm die amerikanische Flagge. Die Bildunterschrift lautet: „The Pentagon is no longer trying to ‚avoid the gray area', one former planner said." Das Bild und die Bildunterschrift korrespondieren in ihrer kritischen Beobachtung der damals neuen amerikanischen Kriegsdoktrin, denn diese bewegte sich weg von den durch das Völkerrecht als legitim angesehenen Mitteln der nationalen Verteidigung.

Die kurzen Artikel der *BBC News* und *BBC News Online* zeigten fotojournalistische Bilder, die die Szenerie realistisch illustrieren sollten: von der USS Cole, von al-Harithi, von einem jemenitischen Dorf, von einem Mann in weißer Kleidung von hinten, von einem zerstörten Auto, von einer Drohne am Boden. Darüber hinaus war die technische Zeichnung einer *RQ 1 Predator*-Drohne abgebildet, versehen mit technischen Angaben. *Los Angeles Times*, *CMS*, *The Washington Post*, *The Age* und *Gulf News* zeigten keine Bilder.[38] Die NYT illustrierte ihren Text mit drei Fotos: eines bildet fünf jemenitische Männer ab, die die Tageszeitung *al-Yawm* (Der Tag) lesen, eines eine Drohne in der Luft von oben fotografiert und eines von al-Harithi.[39]

Im Januar 2003 veröffentlichte Asma Jahangir als Sonderberichterstatterin für die UN ein erstes Gutachten über US-Drohnenangriffe außerhalb von anerkannten Kriegsschauplätzen („outside the battlefield"). Die jüngsten Entwicklungen beschrieb sie als ernsthaft beunruhigend („a truly disturbing develop-

---

13.4.2020. Vgl. zum Verlust von Heldentum durch den Einsatz von Drohnen auch Bröckling 2016, 298ff.
37 Hersh, *The New Yorker*, 16.12.2002.
38 Zum Teil unterschieden sich die Fotos der Online- und der Printausgabe, und zum Teil sind die Fotos der Online-Artikel heute nicht mehr verfügbar.
39 Johnston and Sanger, *NYT*, 6.11.2002.

ment").⁴⁰ In ihrer Antwort stellte die Bush-Administration am 14. April 2003 klar, dass die UN hier nicht zuständig seien.⁴¹

Danach gab es bis zum Ende der Amtszeit George W. Bushs 2009 nur spärliche Informationen über Drohnenangriffe und Drohnentötungen in der englischsprachigen Presselandschaft und dementsprechend keine öffentliche Debatte. Der sogenannte globale Krieg gegen den Terror entwickelte sich zum einen offiziell in Afghanistan und im Irak, begleitet von internationaler Berichterstattung,⁴² und zum anderen inoffiziell mittels Drohnen im Jemen, in Pakistan und Somalia, abseits vom offiziellen Nachrichtengeschehen, dafür jedoch Hand in Hand mit den jeweiligen Regierungen und gegen den Willen der ansässigen Bevölkerung: im Jemen unter Ali Abdullah Saleh (1978–2012), in Pakistan unter Pervez Musharraf (2001–2008) und in Somalia unter den verschiedenen fragilen Übergangsregierungen (2000–2012).⁴³

Mit Barack Obamas Präsidentschaft (2009–2017) begann nicht nur die Zeit verstärkter Drohneneinsätze, sondern auch vielfältiger Veröffentlichungen investigativer und kritischer Artikel über das Drohnenprogramm des Pentagons und der CIA sowohl in etablierten Zeitungen und Zeitschriften als auch in Blogs verschiedener NGOs und Netzaktivisten.⁴⁴ Das erste ausführliche Essay schrieb Jane Mayer im *New Yorker* mit dem Titel „The Predator War".⁴⁵ Illustriert war ihr Text mit einer kühlen Zeichnung von Guy Billout. Blauer Himmel und schneebedeckte Berge werden gezeigt sowie eine Explosion hinter einem der Berge. Auf einem schmalen Pfad laufen Menschen auf die Explosion zu, die sie jedoch nicht unbedingt sehen können. Eine Drohne fliegt an der oberen Bildkante. Die Bildunterschrift lautet: „The ‚push-button' approach to fighting Al Qaeda represents a radically new use of state-sanctioned lethal force."⁴⁶ Weitere Artikel erschienen

---

40 Jahangir 2003, 16. Solche Mahnungen wurden von den jeweiligen UN-Sonderberichterstattern stets erfolglos wiederholt, vgl. Nohrstedt/Ottosen 2014, 169.
41 Drones Team, *TBIJ*, 2011.
42 Vgl. die Bibliographie zu Terrorismus und Medien Tinnes 2014.
43 Vgl. Mayer, *The New Yorker*, 19.10.2009. Siehe zur Kooperation der USA mit Präsident Saleh und zum Widerstand in der jemenitischen Bevölkerung Scahill, *The Nation*, 30.3.2011. Vgl. auch Scahill 2013 und für Pakistan Krishnan 2012, 77f.
44 Siehe generell die vergleichenden Statistiken unter o.A. „Drone Warfare", *TBIJ*. Vgl. auch die Statistiken der NGO *Drone Wars UK*, gegründet 2010 von Chris Cole (o.A. *Drone Wars UK*), und des 1999 gegründeten Think Tanks *New America*, vgl. Sterman et al., *New America*, 11.9.2020. Vgl. zu unsichtbaren Opfern, digitalem Terror und der Rhetorik der Präzision im Drohnenkrieg im Norden Pakistans aus der Perspektive der Opfer Weber 2012.
45 Mayer, *The New Yorker*, 19.10.2009. Vgl. auch Sanger, *NYT*, 11.12.2009 und die Blog-Einträge von Turse 2010 und Hajjar 2010.
46 Mayer, *The New Yorker*, 19.10.2009.

im *Wall Street Journal*, im *Times Magazine* und in der NYT, alle einige Monate nach dem Amtsantritt Barack Obamas im Weißen Haus.⁴⁷

Im Jahr 2010 fand die erste öffentliche Anhörung zu Drohnenoperationen im US-Kongress statt. Die meisten anwesenden Juristinnen waren sich einig, dass es keine rechtliche Basis für die Drohnenoperationen der CIA gebe und diese Operationen unter Internationalem Recht als illegal einzustufen seien. Sie wurden mit Blick auf die langfristigen Folgen zudem als „very dangerous policy" bezeichnet.⁴⁸

Es folgte eine Reihe kritischer Sachbücher und Dokumentarfilme in englischer Sprache.⁴⁹ Zu Beginn des Jahres 2012 bestätigte der damalige nationale Sicherheitsberater Barack Obamas, Nahostkenner, Architekt des Drohnenprogramms und spätere CIA-Direktor John Brennan in einer Rede erstmals offiziell, dass die USA seit 2002 Drohnen für sogenannte gezielte Tötungen („targeted killings") nutzen würden und dass dies im Einklang mit dem Recht geschehe („in accordance with the law").⁵⁰

Im April 2012 fand der erste Internationale Drohnengipfel (*International Drone Summit*) in Washington DC statt. Juristinnen, Politikwissenschaftlerinnen und Aktivistinnen trafen sich, um das Phänomen der Drohnentötungen zu diskutieren und öffentlich darauf aufmerksam zu machen. Organisiert wurde der Gipfel u.a. von der amerikanischen Aktivistin Medea Benjamin, die 2013 das Buch *Drone Warfare: Killing by Remote Control* veröffentlichte, in dem sie u.a. sogenannte *signature strikes* kritisiert. Das Buch erschien 2014 unter dem Titel Ḥarb aṭ-ṭā'irāt bidūn ṭayyār. al-qatl bi-t-taḥakkum 'an bu'd auf Arabisch, übersetzt und veröffentlicht durch das in Doha angesiedelte Forum für arabische und inter-

---

47 Die englischsprachige Berichterstattung ist seither vielfältig und kaum mehr zu überschauen. *The Guardian* veröffentlichte bis April 2020 1.032 Einträge unter dem Suchwort „Drones (military)", beginnend mit einer Nachricht vom September 2001. Die Berichterstattung enthielt bis 2009 ca. einen Artikel pro Jahr, danach und bis heute mehrere Artikel monatlich. Vgl. *The Guardian* „Drone (military)."
48 Vgl. zur diesbezüglichen Berichterstattung in der NYT Nohrstedt/Ottosen 2014, 167f.
49 Vgl. exemplarisch für Sachbücher Zenko 2010, Benjamin 2013, 2014, Klaidman 2012, Turse 2012 und für Filme Rushing 2011, Rowley/Scahill 2013, Poitras 2013.
50 Gusterson, 2016, 1. Eine Einschätzung, die die deutsche Bundesregierung, legitimiert durch das Bundesverwaltungsgericht in Leipzig, bis heute teilt, vgl. Skowronek, *Zeit Online*, 26.11.2020. Vgl. für eine Framing-Analyse der drei Zeitungen NYT, *Aftenposten* (norwegisch) und *Dagens Nyheter* (schwedisch) in Bezug auf Drohnen und außergerichtliche Tötungen im Zeitraum von Januar bis Juni 2012 Nohrstedt/Ottosen 2014, 173–180.

nationale Beziehungen (*Muntadā li-l-ʿalāqāt al-ʿarabiyya wa-d-duwaliyya*).[51] Laut Benjamin entstand 2010 mit dem *Drone Campaign Network* die erste global agierende Protestbewegung gegen bewaffnete Drohneneinsätze.[52]

Nachdem der ehemalige CIA-Angestellte Edward Snowden im Jahr 2013 geheime Dokumente der amerikanischen *National Security Agency* (NSA) kopiert und weitergegeben hatte, gründete der amerikanische Anwalt und Journalist für die britische Tageszeitung *The Guardian* Glenn Greenwald zusammen mit Jeremy Scahill und Laura Poitras im Jahr 2015 die Online-Plattform *The Intercept* für einen Journalismus der Gegenöffentlichkeit („adversarial journalism"). Dort richteten sie im Oktober 2015 die Website „The Drone Papers" ein, auf die im Folgenden auch Journalistinnen und Aktivistinnen, z.B. vom TBIJ, zugriffen, um die gesammelten Daten zu bestätigen und zu ergänzen. Dabei ging es hauptsächlich um Informationen über interne Prozesse der Kommunikation und des Ablaufs von Drohnenangriffen, über die man seither gut Bescheid weiß.[53]

Im letzten Jahr seiner zweiten Amtsperiode rechtfertigte Barack Obama in einer Diskussion mit Jura-Studentinnen seine Vorgehensweise. Er wies darauf hin, dass sich die Technologie der Drohnensysteme zu Beginn seiner Regierungszeit schneller entwickelte hätte als die politischen und administrativen Regelungen, wie diese ferngesteuerte Militärtechnologie einzusetzen sei:

> And so I think it's fair to say that in the first couple of years of my presidency, the architecture – legal architecture, administrative architecture, command structures – around how these were utilized was underdeveloped relative to how fast the technology was moving.[54]

Im selben Jahr gestand Barack Obama öffentlich Fehler im militärischen Einsatz von Drohnen ein. Im selben Jahr wurde ein sogenanntes *Playbook* veröffentlicht, das die Richtlinien und Strategien hinsichtlich des amerikanischen Drohnenkriegs beschreibt (und sofort nach Veröffentlichung heftig kritisiert wurde).[55]

Was die öffentliche Wahrnehmung von außergerichtlichen Tötungen durch Drohnenoperationen anging, so spiegelte diese der Anthropologe Hugh Guster-

---

51 Vgl. https://fairforum.org/translations. Medea Benjamin war im Dezember 2013 zu Gast bei der TV-Talkshow *Fī l-ʿumuq* (In der Tiefe) auf *Al Jazeera*, siehe aẓ-Ẓafīrī 2013, in der Bibliographie unter Audio- und Video-Formaten.
52 Geleitet wird das Netzwerk von Chris Cole, der 2010 den Blog *Drone Wars UK* gründete, vgl. Benjamin 2013, 191f.
53 o.A. „The Intercept", 2015.
54 Vgl. o.A. „President Obama Explains Drone Strikes", 2.7.2016, ab min 2:11.
55 Vgl. o.A., *Deutsche Welle*, 9.8.2016.

son in seinem Buch aus dem Jahr 2016 trotz der Berichterstattung, die seit Obamas Amtsantritt zugenommen hatte, wie folgt:

> Drone strikes generally take place on the edge of American public awareness. (...) Embassy staffers took to calling drones "Voldemorts" after the villain in the *Harry Potter* series, Lord Voldemort: "he who must not be named"[56]

Unter der Präsidentschaft Donald Trumps (2017–2020) wurden die Drohnenoperationen ausgeweitet. Er lockerte Restriktionen, schränkte die Transparenz ein und setzte Drohnen in zusätzlichen Gebieten ein, mit denen die USA nicht offiziell im Krieg stand.[57] Unbeeindruckt von Kritik und Protestaktionen[58] erleichterte die Regierung Trump in den folgenden beiden Jahren den Export von Drohnen, vor allem um nicht auf Dauer hinter der Konkurrenz aus China, Israel und der Türkei zurückzustehen. Der Wettlauf um den größten Marktanteil hatte da längst begonnen. Die Anzahl der Staaten, die Drohnen besitzen, ist seit 2011 stetig angestiegen. Waren vor 2011 nur Israel, Großbritannien und die USA im Besitz der neuen Technologie, kauften seither mindestens 18 Staaten bewaffnungsfähige Drohnen aus China.[59]

3.2 Die deutschsprachige Berichterstattung

Die mediale politische Berichterstattung in der etablierten kommerziellen deutschen Presse über das Phänomen Drohneneinsätze und Drohnentötungen lässt sich in drei Themengebiete einteilen: zum einen das Thema Drohnenkrieg in Afghanistan, Pakistan, Jemen und Somalia seit dem Beginn des sogenannten globalen Krieges gegen den Terror im Jahr 2001, zum anderen die Debatte um die Anschaffung von Drohnen für die deutsche Bundeswehr seit 2012 und drittens die Rolle der Militärbasis Ramstein auf deutschem Territorium seit 2013. Mit Letzterem ist die Verantwortung der Bundesrepublik für die von den USA ausgeführ-

---

56 Gusterson 2016, 1.
57 Vgl. Schmitt, *NYT*, 29.1.2017, Wolfgang, *The Washington Times*, 7.6.2018 und Rosenthal/Schulman, *The Atlantic*, 10.8.2018.
58 Vgl. z.B. den ausführlichen Artikel „The wounds of the drone warrior" von Eyal Press im *New York Times Magazine*, 13.6.2018.
59 Horowitz et al., *IPG*, 14.12.2020. Frankreich kaufte von den USA Drohnen des Typs *MQ-9 Reaper*, die seit 2019 in Mali im Einsatz sind, vgl. Brownsword, *Dronewars.net*, 25.8.2020. Die Niederlande kauften 2018 vier *MQ-9 Reaper*-Drohnen von den USA, vgl. Fischer, *Aerobuzz.de*, 19.7.2018. Siehe für die „Staaten, die im Juli 2020 kurz davor sind, bewaffnete Drohnen einzusetzen", Wissenschaftliche Dienste des Deutschen Bundestages, Oktober 2020.

ten Tötungen mit Hilfe von Drohnen im sogenannten Krieg gegen den Terror verbunden.[60]

Ähnlich wie in der amerikanischen und britischen Berichterstattung gab es in deutschen Zeitungen zunächst nur sehr vereinzelte Meldungen über die ersten außergerichtlichen Tötungen mit Drohnen.[61] Die engmaschigere Berichterstattung und Diskussion erfolgte in den deutschen Medien ca. eineinhalb Jahre nach dem Amtsantritt Barack Obamas. Im Oktober 2010 schrieb Horst Bacia, Redakteur bei der *Frankfurter Allgemeinen Zeitung* (FAZ), einen ausführlichen Artikel über amerikanische Drohnenangriffe. Er nannte Zahlen, z.B. dass 30% der durch Drohnen getöteten Menschen Zivilisten seien, und klärte über Organisationsabläufe bei der Ausführung von Drohnentötungen auf. Er berief sich dabei auf amerikanische Zeitungsberichte und Veröffentlichungen von NGOs.[62]

Im Oktober 2011 diskutierten die Journalisten Jochen Bittner und Josef Joffe in der Wochenzeitung *Die Zeit*, ob es richtig sei, als Terroristen eingestufte Menschen ohne Gerichtsverfahren mit Drohnen zu töten.[63] Joffe argumentierte dafür, Bittner dagegen. Aufhänger war die Tötung des sich im Jemen aufhaltenden US-Amerikaners Anwar al-Awlaki und dessen 16-jährigen Sohnes durch eine Drohnenoperation. Obwohl er das Argument der Selbstverteidigung gegen Terrorismus generell gelten ließ, fand Bittner vor allem die gezielte strategische Ausweitung dieser Art der Kriegsführung problematisch. In der Diskussion ging es um Moral, Landesrecht und Völkerrecht sowie die Grauzonen der neuen Kriege, und man erfuhr unter anderem, dass die US-amerikanische *Air Force* im Jahr 2009 zum ersten Mal mehr Kommandantinnen für ferngelenkte Flugkörper ausbildete als Flugzeugpilotinnen.

Im Juli 2012 forderte das vom *Norddeutschen Rundfunk* (NDR) ausgestrahlte Programm *Panorama* in einem Bericht mit der Überschrift „Aufrüstung ohne De-

---

60 Ulrike Franke verortete die deutsche Debatte in ihrer Doktorarbeit zwischen „hype and hysteria". Vgl. Franke 2018, 192–210, wo sie vor allem die politische und mediale Debatte um die Anschaffung von Drohnen für die Bundeswehr in den Blick nimmt. Sie nennt eine Statistik, wonach allein im Jahr 2013 1.800 Nachrichtenartikel zu Drohnen in deutschsprachigen Zeitungen veröffentlicht wurden. Berücksichtigt wurden *BILD, FAZ, Fokus, Handelsblatt, Der Spiegel, Spiegel Online, SZ, Der Tagesspiegel, taz, Die Welt, Die Zeit*. Die Statistik zeigt Nachrichten über Drohnen zwischen dem Jahr 2000 und 2014. Das Jahr 2013, in welchem vor allem über die Anschaffung bewaffnungsfähiger Drohnen für die Bundeswehr diskutiert wurde, verzeichnete demnach mit Abstand die meisten Nachrichten, Franke 2018, 194 Fn 638.
61 Schwägerl, *FAZ*, 15.12.2003a, Schwägerl, *FAZ*, 15.12.2003b und o.A., *FAZ*, 15.1.2006.
62 Bacia, *FAZ*, 12.10.2010. Vgl. auch die kürzeren Texte von Rüb, *FAZ*, 25.8.2010 und Buchsteiner, *FAZ*, 6.6.2011.
63 Bittner/Joffe *Die Zeit*, 41/2011, 6.10.2011.

batte: Kampfdrohnen für die Bundeswehr" eine öffentliche Diskussion über die Anschaffung von bewaffneten Drohnen für das deutsche Militär.[64] Diese öffentliche Auseinandersetzung fand hauptsächlich im Jahr 2013 statt, wobei die internen Anschaffungspläne damals schon mehrere Jahre alt waren. Sie endete mit dem Beschluss der damaligen Verteidigungsministerin Ursula von der Leyen, die Drohnen des Typs *Euro Hawk* (europäischer Falke) nicht anzuschaffen.[65]

Das Nachrichtenmagazin *Der Spiegel* publizierte im Dezember 2012 in einem Artikel mit dem Titel „USA: Träume in Infrarot" erstmalig ein ausführliches Portrait eines ehemaligen amerikanischen Drohnenpiloten, des Whistleblowers Brandon Bryant.[66] Laut dessen Aussagen überwachen die Soldaten, die in der Wüste Nevada sitzen, bevor sie mittels Drohnen (als Träger von Raketen) einen Menschen töten, diese Person zum Teil über Wochen und sammeln Daten in Form von Handy-Signalen und Bildmaterial.[67] Für die Überwachung nutzt das US-Militär seit 2012 eine neue Technologie, die *Gorgon stare* (Gorgonenblick) genannt wird. Sie besteht aus einer Konstruktion aus neun Kameras, die an Drohnen angebracht wird, und die ganze Städte mit einem Blick aufnehmen kann.[68]

Ebenfalls im Jahr 2012 erschienen die ersten Buchpublikationen zum Thema Drohnentötungen in deutscher Sprache. Armin Krishnan, der an Universität Texas *Security Studies* lehrt, setzte sich z.B. unter dem Titel *Gezielte Tötung: Die Zukunft des Krieges* mit den Folgen der Individualisierung und Automatisierung des Krieges auseinander.[69] Etablierte Medien veröffentlichten seither sowohl Arti-

---

64 Vgl. *NDR Panorama*, 26.7.2012.
65 Gutschker/Seliger, *FAZ*, 19.5.2013, Sauer, *FAZ*, 8.8.2013 und Gutschker, *FAZ*, 6.7.2014. Im Mai 2020 nahm das Verteidigungsministerium mit der Kampagne „DrohnenDebatte 2020" erneut einen Anlauf, das Thema öffentlich zu diskutieren, vgl. Bundesministerium der Verteidigung 2020.
66 Abé, *Der Spiegel*, 50/2012, 10.12.2012 (auf Engl. Abé, *Spiegel International*, 14.12.2012).
67 Vgl. auch die geleakten Informationen über die internen Arbeitsprozesse und Befehlsketten im US-Drohnenprogramm von 2011 bis 2013, die auf der Online-Plattform *The Intercept* im Oktober 2015 veröffentlicht wurden, o.A. „The Drone Papers".
68 Vgl. Bröckling 2016, 293 und Dawson 2016, 241. Für die Diskussion des „scopic regime" und der „visual power" durch Drohnenoperationen siehe Stahl 2013 und Maurer 2017.
69 Krishnan 2012 (engl. 2009). Die Sachbuchliteratur über Drohnen wird bisher hauptsächlich von Experten der *Security Studies* und darüber hinaus von Juristinnen und Journalistinnen geschrieben. Vgl. in deutscher Sprache Strutynski (Hg.) 2013, Biermann/Wiegold 2015 und Feroz 2017. Eine Ausnahme stellt der Sammelband, herausgegeben von Marsiske (Hg.) 2012b, dar. Er kombiniert fiktionale mit wissenschaftlichen Texten aus unterschiedlichen Disziplinen, darunter von Philosophinnen und Kulturwissenschaftlerinnen.

kel in Reaktion auf Sachbücher[70] als auch Meldungen und Kommentare im Zuge von Berichten von *Human Rights Watch* oder *Amnesty International* über Menschenrechtsverletzungen bzw. Verstöße gegen das Völkerrecht.[71]

Der NDR und die *Süddeutsche Zeitung* (SZ) berichteten im Jahr 2013 als erste deutschsprachige Kanäle über die Funktion, die der amerikanischen Militärbasis Ramstein im Krieg mittels Drohnen zukommt.[72] Die journalistische und gerichtliche Auseinandersetzung um die deutsche Mitverantwortung an amerikanischen Drohnentötungen hält bis heute an, wobei diesbezüglich ein offizielles politisches Statement fehlt.[73]

Als im Mai 2015 der Jemenite Faisal bin Ali Jaber gegen die deutsche Bundesregierung klagte, produzierte der ECCHR ein Video, in welchem Faisal bin Ali Jaber seine Erfahrungen während des Drohnenangriffes schildert, den er miterlebt hat. Insbesondere geht er auf die Geräusche ein, die er vor dem Angriff und währenddessen hörte.[74] Die Berichterstattung über das Gerichtsverfahren bestand aus Pressemeldungen, Artikeln und zum Teil ausführlichen Kommentaren in FAZ, *Der Spiegel*, SZ, *Der Tagesspiegel*, taz und *Zeit Online*.[75] Die Lebensumstände des Südjemeniten standen dabei nicht im Fokus der Texte. Drei von 20 Artikeln erwähnten, dass Faisal bin Jabers getöteter Schwager Salim, Imam war, der sich entschieden gegen al-Qaida ausgesprochen und engagiert hatte.[76]

Sowohl die Informatikerin Constanze Kurz („Wir können uns nicht herausreden", Gastbeitrag in der FAZ) als auch der Journalist Bernd Pickert („Wir sind Komplizen", taz) kritisierten die Haltung der Bundesregierung scharf, die bis

---

70 Vgl. die Rezensionen zu Krishnan 2012 durch Thiel, *FAZ*, 1.2.2013, zu Chamayou 2013 durch Markwardt, *Zeit Online*, 27.10.2014 und zu Abu Saif 2015 durch Gerstenberg, *Deutschlandfunk*, 25.4.2016.
71 Bspw. Pramstaller, *Zeit Online*, 22.10.2013 und o.A. *Die Welt*, 13.12.2013.
72 *NDR Panorama*, 30.5.2013 und Goetz et al., *SZ*, 28.11.2013.
73 So wurde z.B. die am 3. Januar 2020 durch den US-amerikanischen Einsatz einer *MQ-9 Reaper* durchgeführte Tötung des iranischen Generals Qassem Soleimani auf irakischem Boden vom Wissenschaftlichen Dienst des Bundestages in einem Gutachten als völkerrechtlich bedenklich beurteilt, dieses jedoch nicht von der Bundesregierung in eine öffentliche Stellungnahme aufgenommen, vgl. Scheytt, *VerfBlog*, 8.1.2020, Hegmann, *Die Welt*, 3.1.2020 und Franke/Scheidt 2020, 7 Fn 18. Vgl. auch Pöhle, *Deutsche Welle*, 5.4.2014.
74 Vgl. *ECCHR Berlin*, 22.5.2015. Ähnlich die Aussagen des Somaliers Salman Abdullahi, vgl. Goetz et al., *SZ*, 28.11.2013.
75 Siehe Tabelle 1 im Anhang. Vgl. z.B. Bartsch et al., *Der Spiegel*, 18.4.2015 und Brühl, *SZ*, 27.5.2015.
76 Emcke, *SZ*, 23.5.2015, Brühl, *SZ*, 27.5.2015 und Ellersiek, *taz*, 27.5.2015.

heute von der Rechtmäßigkeit solcher Angriffe überzeugt ist.[77] Die Journalistin Carolin Emcke bezog auf der Meinungsseite der SZ klug Stellung und warnte vor zu einfachen Gleichungen. Zwar werde das Risiko für die eigenen Soldaten minimiert, die Praxis der Drohnentötungen sei jedoch nicht nur völkerrechtlich bedenklich, sondern auch wenig präzise. Von Juni 2004 bis September 2012 seien in Pakistan allein 2.562 bis 3.325 Menschen bei Drohnenangriffen getötet worden, darunter 474 bis 881 Zivilisten.[78]

Ebenfalls 2015 berichteten u.a. *Der Tagesspiegel* und die *Deutsche Welle* über die Gründung der Online-Plattform *The Intercept*.[79] Im Oktober 2015 sagte Brandon Bryant im Zuge des NSA-Untersuchungsausschusses im Bundestag aus, dass ohne die Militärbasis Ramstein die Drohnentötungen im Nahen Osten und in Afrika nicht möglich seien. Das Portal *Netzpolitik.org* berichtete darüber direkt mittels eines Live-Blogs, der bis heute einsehbar ist.[80]

Ende des Jahres 2015 produzierte der Wissenschafts- und Technikjournalist Thomas Reintjes für den *Deutschlandfunk* ein Radio-Feature namens „1 oder 0, Leben oder Tod" und eine dazugehörige Website.[81] In Worten und Tönen skizzierte er die neuen digitalen Kriege im Hinblick auf die Gebote und Verbote des Völkerrechts. Aus der Perspektive von Pilotinnen, Juristinnen, Technikentwicklerinnen, Unternehmerinnen und Politikerinnen lotete er die rechtlichen und ethischen Dimensionen der neuen Kriegstechnik Drohne aus. Ein besonderer Fokus lag auf den Arbeitskontexten der Drohnenpilotinnen:

> Wir haben viel geforscht. Und es hat sich herausgestellt, dass sich ein Drohnenpilot in über 90 Prozent der Zeit unglaublich langweilt. Es passiert einfach nichts (...) Sie warten manchmal Tage oder sogar Wochen auf irgendeine Art von Aktivität. Wenn Sie fragen, werden Ihnen die meisten Drohnenpiloten sagen, dass es unerträglich langweilig ist.[82]

Auch außerhalb der journalistischen Berichterstattung regte sich Widerstand, z.B. in Form der Bürgerinnen-Initiative „Kampagne Stopp Ramstein: Kein Droh-

---

[77] Kurz, *FAZ*, 18.10.2015 und Pickert, *taz*, 26.5.2015. Zur Haltung der deutschen Bundesregierung vgl. z.B. Skowronek, *Zeit Online*, 26.11.2020.
[78] Emcke, *SZ*, 23.5.2015. Sie berief sich dabei auf die ausführliche Studie der International Human Rights and Conflict Resolution Clinic at Stanford Law School 2012.
[79] Dernbach, *Der Tagesspiegel*, 16.10.2015 und o.A., *Deutsche Welle*, 18.4.2015.
[80] Vgl. Biselli, *Netzpolitik.org*, 10/2015 und Schulze von Glaßer, *Der Freitag*, 16.10.2015. Zum Portrait Bryants vgl. Abé, *Spiegel Online*, 10.12.2012 und *NBC News*, 6.6.2013.
[81] Reintjes 2015.
[82] Das Zitat stammt von Mary Louise Cummings, eine der ersten Kampfjetpilotinnen in der US Navy. Heute ist sie Professorin an der Duke University in North Carolina. Vgl. Reintjes 2015, unter „Chronologie."

nenkrieg", die sich im Juli 2015 gründete.[83] Ebenfalls im Jahr 2015 wurde in Deutschland das von George Brant 2013 verfasste Theaterstück *Grounded* das erste Mal aufgeführt (*Am Boden*, übersetzt von Henning Borchert). Das Stück erzählt die Geschichte einer F-16-Kampfpilotin, die aufgrund ihrer Schwangerschaft ihre Karriere in der Luft beendet und nun von einem klimatisierten Container in der Nähe von Las Vegas aus ferngesteuerte Drohnen in Afghanistan fliegt. Brant thematisiert die veränderte Form des Krieges als 12-Stunden-Schicht weitab vom Schlachtfeld und portraitiert die Pilotin gleichzeitig als Mutter. Bis 2019 wurde das Theaterstück an mindestens 16 deutschen Bühnen vor vollen Zuschauerräumen aufgeführt. Die Werbekarte für das Stück im Theater unterm Dach in Berlin, das am 14.12.2017 Premiere hatte, zeigt das Piktogramm einer Mutter mit ihrem Kind unter einer Drohne.[84]

Das erneute Gerichtsverfahren am Oberverwaltungsgericht in Münster im Fall Bin Ali Jaber im Mai 2019 wurde, ähnlich wie seine Klage 2015, journalistisch begleitet. Mindestens 25 Beiträge lassen sich in den etablierten Zeitungen und Zeitschriften finden, darunter eindringliche Kommentare, reflektierte Leserbriefe sowie deutliche Kritik an der Haltung der Bundesregierung.[85]

Die hier genannten journalistischen Artikel, Meldungen und Kommentare verdeutlichen, dass es in der deutschsprachigen Diskussion, neben den drei Themen der US-amerikanischen Drohnentötungen, der diesbezüglichen Rolle der Militärbasis Ramstein und der Zukunft des Krieges, vor allem um zwei Perspektiven auf Drohnentötungen ging: zum einen um die der Beobachterinnen, die sich aus ethischer und rechtlicher Sicht Gedanken um den Krieg (nicht nur) in der nahen Zukunft machen, und zum anderen um die der Drohnenpilotinnen, deren Arbeitsalltag das Töten ist. Die Lebensrealitäten und Perspektiven derjenigen, die in Afghanistan, in Pakistan, im Jemen oder in Somalia unter Drohnen leben, ohne dass ihr Land offiziell im Krieg mit den USA steht, wurde weniger stark beleuchtet.[86]

---

83 Vgl. die Website der Kampagne www.ramstein-kampagne.eu.
84 Vgl. das Aufführungsarchiv S. Fischer Theater-Medien o.D. und Brant/Akhtar 2016. Ein weiteres Theaterstück zur Thematik des Drohnenkrieges wurde im November 2015 unter dem Titel „Ramstein Airbase – Game of Drones" am Staatstheater Mainz uraufgeführt. Das durchweg positiv besprochene Stück von Jan-Christoph Gockel, das amerikanische Popkultur mit amerikanischen Kriegen und Fragen zur deutschen Verantwortung überblendet, wurde zuletzt am 6. März 2020 bei den Theatertagen in Kaiserslautern aufgeführt und diskutiert. Vgl. Renner, *Die Deutsche Bühne*, 29.11.2015, Kögler, *Das Kulturblog*, 19.6.2016, Henn, *Die Rheinlandpfalz*, 20.3.2020.
85 Vgl. z.B. Prantl, *SZ*, 22.3.2019 und Tabelle 1 im Anhang.
86 Vgl. aber für das Portrait eines versehentlich getöteten Nomaden in Somalia Goetz et al., *SZ*, 28.11.2013. Vgl. auch z.B. Weber 2012.

Wie im folgenden Abschnitt deutlich wird, sprechen die Abbildungen nochmals eine andere Sprache, denn in den meisten Artikeln dominieren weder die Bilder von Pilotinnen noch die Bilder betroffener Regionen oder Personen, sondern diejenigen der ferngesteuerten Flugzeuge selbst.[87]

3.3 „layš qaṭaltū usratī?" Die Tücken einer universalen journalistischen (Bild)Sprache

Bilder spielen mit zunehmender Digitalisierung eine große Rolle in der öffentlichen Wahrnehmung medial vermittelter Ereignisse.[88] Dennoch wird der Zusammenhang von Text- und Bildveröffentlichung sowie die Bedeutung von Bildunterschriften in der medialen Berichterstattung zu Drohnentötungen bisher nicht systematisch untersucht.[89]

Was die Illustration der deutschsprachigen Presseberichterstattung über Drohnentötungen angeht, so kann man anhand des erwähnten Artikels von Nicola Abé in *Der Spiegel* ein Muster in Bezug auf die Visualisierung von Drohneneinsätzen und Drohnentötungen andeuten.[90] Der Text enthält vier Fotografien in der folgenden Reihenfolge: eine Großaufnahme von zwei Drohnenpilotinnen bei der Arbeit von hinten (Bildunterschrift: „Drohnen-Leitstand in New Mexico: Der moderne Krieg ist unsichtbar, der Entfernung raubt er die Bedeutung"), eine des ehemaligen Drohnenpiloten und Whistleblowers Brandon Bryant („Ex-Soldat Bryant: ‚Haben wir gerade ein Kind getötet?'"), eine große Abbildung einer Drohne des Typs *Predator* in einem Hangar („Predator-Drohne: Keine andere Erfindung hat sich, so die Sicht der Militärs, derart bewährt im ‚Krieg gegen den Terror'") und ein in Relation gesehen sehr kleines Foto eines zerstörten Hauses irgendwo in Pakistan mit Menschen davor („Von Drohne zerstörtes Haus in Pakistan 2009: ‚Blut, totaler Krieg'").[91]

---

87 Zuletzt auch bei der Gestaltung der Website „DrohnenDebatte 2020" des BMVg, deren Fotos ein selbstbewusstes Vertrauen in die Technik transportieren.
88 Mark Dery nennt es „visual literacy", die Fähigkeit Bilder zu lesen, was diejenigen, die im digitalen Zeitalter aufwachsen, von klein auf lernten und selbstverständlich praktizierten, vgl. Dery 2017, 9.
89 Vgl. für eine multimodale Framing-Analyse des Israel-Gaza-Konflikts im Jahr 2014 Jungblut/Zakareviciute 2018. Vgl. auch Zakareviciute 2019.
90 Abé, *Der Spiegel*, 50/2012, 10.12.2012.
91 Die Fotografien stammen aus dem Archiv des Nachrichtenmagazins *Der Spiegel* sowie aus der Entertainment-Fotodatenbank *Everett Collections* und der Bilddatenbank *Picture Alliance*, einem Tochterunternehmen der *Deutschen Presseagentur* (DPA).

Häufig wurden in den von mir gesammelten deutschsprachigen Texten über militärische Drohnenoperationen in der etablierten Presse die Flugmaschinen selbst abgebildet, obwohl es um die Frage nach dem Schutz ziviler Opfer von Drohnenangriffen ging.[92] In der Debatte um die Anschaffung des Drohnentyps *Euro Hawk* finden sich vor allem Bilder amerikanischer sogenannter *Global Hawks*, oft im Modus der Vergrößerung bzw. mit Fischaugenobjekt aufgenommen.[93] Nachdem lange über die Anfälligkeit des *Euro Hawk* diskutiert worden war und er schließlich nicht angeschafft wurde, verschwanden diese Bilder gänzlich aus der Berichterstattung.[94] Stattdessen werden seither am häufigsten Aufnahmen von Drohnen des Typs *Predator* (Raubtier) oder dessen leistungsfähigere Weiterentwicklung *MQ-9 Reaper* (Sensenmann, Mähmaschine) verwendet, obwohl oft auch andere Drohnentypen zum Einsatz kommen.[95] Beide Drohnen haben die Größe eines Flugzeugs, eine Spannweite von 15 Metern und sind etwa eine Tonne schwer.[96]

Die in den Artikeln abgebildeten Drohnen befinden sich entweder am Boden im Stillstand, vor oder in einem Hangar oder in der Luft, wo sie ebenso wie im Stillstand wirken. Man erkennt diese großen Flugkörper sofort als Drohnen, da sie vorn, wo sonst das Cockpit liegt, keine Fensterscheiben aufweisen. Diese Fotografien zeigen saubere Drohnen, die Ruhe ausstrahlen. Man sieht sie nicht in Aktion, wenn sie Raketen abfeuern. Der soziale Raum, in dem die Drohnen agieren, wird nicht gezeigt. Sie werden wie eine Art Fetischobjekt präsentiert, als ein

---

92 In meiner Recherche im Mai 2015 wurden z.B. von insgesamt 20 Artikeln sechs mit Drohnen illustriert, eins zeigte die Militärbasis Ramstein, ein weiteres das von einer Drohne übertragene Bildschirmfoto zweier Autos, und je eins zeigte das Portrait von Faisal bin Ali Jaber, den Ort einer Drohnenexplosion und ein Antidrohnen-Graffito von Murad Subay; acht Texte waren nicht bebildert. Im März 2019 wurden von 25 Texten neun mit Drohnen bebildert, zwei zeigten die Militärbasis Ramstein, zwei andere den Ort einer Drohnenexplosion und ein Bild ein Antidrohnen-Graffito von Murad Subay; zehn Texte wurden ohne Bild veröffentlicht. Vgl. Tabelle 2 im Anhang.
93 Siehe z.B. Buchsteiner, *FAZ*, 6.6.2011, Bildunterschrift: „Eine amerikanische Drohne – hier vor einem Aufklärungsflug" oder Gutschker/Seliger, *FAZ*, 19.5.2013, Bildunterschrift: „Die Drohne vom Typ Euro Hawk: Kein Kollisionsschutz an Bord".
94 Bspw. Gutschker, *FAZ*, 6.7.2014, Bildunterschrift: „Ursula von der Leyen im Bundestag" und Gutschker, *FAZ*, 28.6.2014, Bildunterschrift: „Drohne ‚Reaper': Favorit der Bundesregierung für eine Zwischenlösung".
95 Vgl. Krishnan 2012, 15. Vgl. für einen Überblick über die verschiedenen Typen militärisch genutzter Drohnen Schulte von Drach, *SZ*, 2.7.2014 und o.A., *Deutsche Welle*, 30.6.2017.
96 Vgl. Krishnan 2012, 74.

Objekt, das übernatürliche Kräfte hat, seine eigentliche Funktion aber verbirgt.[97] Unterstrichen wird dieser Eindruck der Dislokation und Distanz zu einem realen Geschehen durch die wenig aussagekräftigen Bildunterschriften wie: „Auch das US-Militär setzt auf Drohnen", „Eine *Predator*-Drohne wird in Kalifornien gewartet" oder „Unbemannte, ferngesteuerte Drohne vom Typ General Atomics MQ-1 Predator".[98]

Eher selten ist in der deutschsprachigen Presseberichterstattung das Foto von Drohnenpilotinnen zu sehen, die in einem Container vor mindestens einem Dutzend Bildschirmen sitzen und von hinten aufgenommen wurden. Meist werden ein Mann und eine Frau abgebildet. Sie berühren mit ihren Händen (Joy)Sticks und haben oft Headsets auf, mittels derer sie kommunizieren bzw. Befehle entgegennehmen. Noch seltener findet sich ein drittes Bild, das die Szenerie nach einem Drohnenangriff einfängt. Meist sind Häuser aus Lehm abgebildet, die zerstört wurden. Davor sind Menschen zu sehen, oft Männer in landesüblicher Kleidung mit *Jalabiyya* (einem knöchellangen Gewand) und Kopfbedeckung. Die Fotos wurden entweder in Afghanistan, in Pakistan oder im Jemen aufgenommen, ohne dass genaue Ortsbezeichnungen angegeben werden.[99] Neben Abbildungen von Drohnen, Drohnenpilotinnen und Szenerien, wo die Drohnentötungen stattgefunden haben, werden seit dem öffentlichen Bekanntwerden der Schlüsselrolle der Militärbasis Ramstein in Bezug auf Drohnenangriffe im Jahr 2013 manchmal Fotografien benutzt, die die Militärbasis zeigen.[100]

---

97 Vgl. zu dem Paradox, den Krieg in den Leitmedien als „clean, deathless television spectacle" darzustellen, um das Vietnamsyndrom zu überwinden, während es in bestimmten sozialen Netzwerken zu einem „flow of gruesam war imagery" komme, Stahl 2015, 168. Siehe auch die 2019 gegründete Plattform *Digital War* (digital-war.org) und die dazugehörige Zeitschrift, vgl. für das Editorial zur ersten Ausgabe Merrin/Hoskins 2020. Vgl. zur technologischen Fetischisierungsstrategie durch die Zusammenarbeit aus US-Regierung, Entertainment-Industrie und Waffenindustrie Osman 2017, 349f.
98 Seibert, *Der Tagesspiegel*, 16.9.2019, Goetz et al., *SZ*, 28.11.2013, o.A., *Deutsche Welle*, 19.3.2019. Vgl. zur Visibilität von Drohnen als Illustrationen von Zeitungsartikeln und zu ihrer Unsichtbarkeit, wenn sie im Einsatz sind, die Installation von James Bridle *Drone Shadows*, besprochen von Thomas Stubblefield, 2017, 209ff.
99 Vgl. dazu auch Osman 2017, 354. Paul Verschueren stellte in seiner Untersuchung von fotojournalistischem Material und Kriegsfotografie in Afghanistan fest, dass sich in westeuropäischen Zeitungen seit 9/11 ein spezifische Bildsprache entwickelt hat, die Afghanistan auf die Themen Militarisierung und Humanisierung festschreibt und keine alternativen Sichtweisen auf das Land und die Bevölkerung zulässt, vgl. Verschueren 2012. Vgl. die ganz ähnlichen Beobachtungen bei Riopelle/Muniandy 2013.
100 Vgl. z.B. o.A. *Deutsche Welle*, 27.5.2015, Bildunterschrift „Die US-Luftwaffenbasis Ramstein in Rheinland-Pfalz: Ein tödliches Glied in der Befehlskette bei Drohnenangriffen?" oder o.A.,

Eine besondere, seit 2013 öfter verwendete Fotografie illustriert z.B. den Bericht von Carsten Luther auf *Zeit Online* vom 27. Mai 2015 „Ohne Ramstein keine Drohnenangriffe."[101] Das Foto ist mit folgender Erklärung versehen: „Drohnen-Graffito in der jemenitischen Hauptstadt Sanaa: ‚Warum habt ihr meine Familie getötet?'" Ein Mann in Jalabiyya und Jackett läuft an einer Wand mit einem Graffito vorbei, auf dem ein Kind zu sehen ist, das gerade einen Satz im jemenitischen Dialekt und auf Englisch zu Ende schreibt: „*layš qaṭaltū usratī*? why did you kill my family?" Über dem Kopf des Kindes fliegt eine Drohne, schwarz mit einem weißen Schriftzug versehen: „US Drones". Über der Drohne steht auf Arabisch: „*Ṭā'irāt bidūn ṭayyār amrīkiyya*" (amerikanische Drohnen, wörtlich: amerikanische Flugzeuge ohne Pilot). Das Bild hat der jemenitische Fotograf Khaled Abdullah am 13. November 2014 in Sanaa, der Hauptstadt des Jemen aufgenommen. Er arbeitet für die Nachrichtenagentur *Reuters*, die auf ihrer Website noch weitere, ähnliche Bilder von ihm bereitstellt, die er gut zwei Jahre später im Februar 2017 aufnahm.[102]

Das Graffito gehört zu einer Reihe von Graffiti auf Mauern in Sanaa, die ich zu Beginn dieses Artikels bereits erwähnt habe. Der Graffitikünstler, der dieses und weitere auf US-Drohnen bezogene Graffiti auf Wände in Sanaa sprühte, wird im *Zeit Online*-Artikel nicht erwähnt.[103] Jedoch gibt der Aktivist und Urheber des Graffito Murad Subay selbst auf seiner Website Auskunft über verschiedene Projekte und Kampagnen, darunter die *Open Day of Art*, auf denen er seine Mitbürgerinnen in Sanaa einmal im Jahr animiert, die Wände der jemenitischen

---

Deutsche Welle, 19.3.2019, „Die Luftwaffenbasis Ramstein ist die größte der USA außerhalb der Vereinigten Staaten".
101 Luther, *Zeit Online*, 27.5.2015.
102 Vgl. o.A. „Abdullah, Khaled". Noch einige Jahre später machte der jemenitische Fotograf Yahya Arhab ähnliche Fotos für die *European Pressfoto Agency* (EPA), zu diesem Zeitpunkt war das Graffito schon verblasst. Das Foto wurde auch in Zusammenhängen benutzt, die der ursprünglichen Intention des Künstlers diametral entgegenstehen, z.B. in einem Artikel, der Drohnenangriffe der jemenitischen Huthis in Saudi-Arabien thematisiert, o.A., *Hürriyet.de*, 30.6.2019. Zuvor, im Jahr 2013, fotografierte auch Mohammed Huwais das Graffito für die französische Nachrichtenagentur AFP.
103 Er wird auch sonst nie erwähnt, wenn seine Graffiti zur Illustration genutzt werden, vgl. z.B. Ross, *The Guardian*, 18.11.2015, Cole, *The Guardian*, 11.5.2016 und o.A., *The Guardian*, 30.6.2017. Der Artikel von Max Skowronek vom 26.11.2020 auf *Zeit Online* über die Entscheidung des Bundesverwaltungsgerichts im Fall Jaber wurde auch mit einem von Khaled Abdullahs Fotos des Graffito illustriert. Die Bildunterschrift lautet hier: „Graffiti einer Drohne in der Hauptstadt des Jemens Sanaa."

Hauptstadt zu bemalen.[104] In der Initiative *12-Hour Campaign* wählte er im Jahr 2013 mit anderen Künstlern zwölf Themen aus, anhand derer sie Sanaas Wände besprühten, Drohnen waren eines davon. Das Markenzeichen der Kampagne ist eine gezeichnete Uhr, für das Motiv Drohnen steht sie auf fünf Uhr.[105] Murad Subays Graffito fand den Weg in verschiedene Fotodatenbanken und damit in die internationale Presse. Die Perspektive von Menschen, die unter Drohnen leben und sich dagegen aktiv wehren, bleibt ansonsten eher unterbelichtet. Sogar in diesem Fall, in dem der lokale Unmut über bzw. der Widerstand gegen die politische und militärische Situation in der eigenen Hauptstadt durch den Künstler international sichtbar gemacht wird, werden seine eigene Geschichte und sein Name in den Artikeln, die das Foto illustriert, nie genannt. Mehr noch, Berichterstattung, Bild und Bildunterschriften fallen auseinander.[106]

Ähnlich verhält es sich mit den anderen betroffenen Ländern wie Afghanistan und Pakistan. Der Protest der ansässigen Bevölkerung gegen Drohnenangriffe wird in den Abbildungen, die die deutschsprachige Berichterstattung illustrieren, weitestgehend ignoriert. Fotos von Demonstrationen, wie derjenigen in Islamabad im Jahr 2011, auf der in englischer Sprache Schilder mit der Aufschrift „Stop Extrajuridical Killings by Drones" hochgehalten wurden, wie sie z.B. *The Guardian* zeigt, kommen in der deutschen Berichterstattung nicht vor.[107] Besonders auffällig sind im Zusammenhang mit dem lokalen Protest fehlende Fotos, auf denen Demonstranten Schilder hochhalten, die direkt die muslimische Subjektivität der Opfer von Drohnenangriffen benennen, wie z.B.: „No Killing the Muslims. Stop the Drone Attacks."[108] Dass die Opfer von Drohnenangriffen in der überwiegenden Mehrzahl Muslime sind, wird in den Berichten der deutschsprachigen Presse selten thematisiert. Im starken Kontrast dazu werden Muslime im öffentlichen Diskurs häufig pauschal als suspekte Personen unterschiedlichster Taten verdächtigt.[109]

---

104 Zu Murad Subays Graffiti als politische Intervention im öffentlichen Raum und (unpassende) Vergleiche mit dem Graffitikünstler Banksy siehe Alviso-Marino 2017 und Bonnefoy 2018, 163ff.
105 Vgl. Murad Subays Website Muradsubay.com.
106 Die Zeitschrift *New Yorker* geht im Gegensatz dazu, wie oben erwähnt, sehr differenziert in der Auswahl der Illustrationen ihrer Texte sowie der Bildunterschriften vor. Die Namen der jeweiligen Künstlerinnen werden stets genannt.
107 Vgl. Boone, *The Guardian*, 7.4.2015. Vgl. die einzige von mir gesehene Ausnahme o.A., *FAZ*, 15.1.2006 mit der Bildunterschrift: „Demonstranten fordern den Stopp von ‚Bombardements auf unschuldige Menschen'".
108 Boone, *The Guardian*, 28.9.2012.
109 Vgl. u.a. den Sammelband *Der inspizierte Muslim*, hrsg. von Amir-Moazami 2018b.

Was ebenso bis 2019 in der deutschsprachigen Berichterstattung fehlte, im Gegensatz zu Portraits in britischen und amerikanischen Medien, war die Repräsentation der humorvollen Formen des lokalen Umgangs mit Drohnenangriffen.[110] Der TV-Moderator und Comedian John Oliver verwendete in seiner Sendung „Drones", die im September 2014 in *Last Week Tonight with John Oliver* im amerikanischen Pay-TV *Home Box Office* (HBO) lief, Ausschnitte aus einem Trickfilm im pakistanischen TV, der sich auf Urdu über die schiere Menge der Drohnenangriffe und die Tatenlosigkeit der eigenen Regierung lustig macht.[111] Diese Perspektive zu zeigen, die die möglichen und tatsächlichen Opfer von amerikanischen Drohnenangriffen als widerständig und humorvoll präsentiert, trägt meines Erachtens dazu bei, sie auf Augenhöhe und als gleichwertig zu betrachten und die Selbstreflexion anzuregen.[112] Auf Drohnentötungen überzogen und sarkastisch reagierte in der deutschsprachigen Auseinandersetzung bisher der Youtuber Rezo, mit dessen Video ich mich im Folgenden beschäftige.

---

[110] Vgl. Boone, *The Guardian*, 19.9.2012, der über einen Hit der pakistanischen Sängerin Sitara Younis auf Youtube berichtet, die über Liebe in Analogie zu Drohnenangriffen singt.
[111] Vgl. Oliver 2014 ab min 8:55. Vgl. dazu auch Sifton 2012.
[112] Vgl. für Kunst des kulturellen Widerstands den Sammelband *Culture Jamming* von Fink/DeLaure 2017.

4 Rezos Video-Essay: „Sonst entscheiden Rentner über eure Zukunft und geil ist das nicht"

4.1 Drohnentötungen via Ramstein

Am Samstag, den 18. Mai 2019, eine Woche vor der Wahl zum Europäischen Parlament, lud der 1992 geborene Youtuber Rezo ein Video mit der Überschrift „Die Zerstörung der CDU" auf seinem Kanal *Rezo ja lol ey* hoch. Innerhalb weniger Tage hatten das Video Millionen Menschen angeschaut.[113] Es ging viral, d.h. es verbreitete sich enorm schnell in den sozialen Netzwerken. Bis Ende des Jahres 2020 sahen den knapp einstündigen Clip nach Auskunft der Videoplattform Youtube, LLC 16 Millionen Personen.[114] Rezo beschäftigt sich in seinen Videos normalerweise nicht mit politischer Satire bzw. politischem Journalismus (im Gegensatz z.B. zu dem Youtuber LeFloid), sondern mit wöchentlich auf seinem Youtube-Kanal *Rezo ja lol ey* hochgeladenen Videos, in denen er *Pranks, Challenges, Remixe, Lifehacks* und *Songs Songs* präsentiert und/oder mit anderen Youtuberinnen zusammenarbeitet.[115]

Rezo konzentrierte sich für die Forderung nach Abwahl der CDU auf vier Themen: die Verteilung von Reichtum und die Ausgaben für Bildung in Deutschland, die Klimapolitik der Bundesregierung, Krieg und Drohnentötungen sowie die Diskreditierung von jungen Leuten.[116] Im Abschnitt zu Krieg und Drohnentötungen

---

113 „Bis Donnerstagvormittag klickten mehr als 4,8 Millionen Internetnutzer das Video des Youtubers Rezo an," vgl. o.A., *FAZ*, 23.5.2019.
114 Siehe Rezo 18.5.2019a. Damit war sein Video das meistgeklickte deutschsprachige Video im Jahr 2019. Den zweiten Platz belegte ein Video, das elf Millionen Mal geklickt wurde. Ich danke Sabrina Zahren für diesen Hinweis. Gegründet wurde Youtube, LLC 2005. 2006 übernahm Google Inc. das Unternehmen. Zunächst erinnerte die Plattform an das TV-Format des *Offenen Kanals*, in den letzten zehn Jahren fand eine zunehmende Professionalisierung und Kommerzialisierung statt, vgl. u.a. van Dijck 2013, Burgess 2015, Pietrobruno 2016 und Fuchs 2019. Zum Offenen Kanal vgl. Bentzin et al. 2007.
115 Vgl. zu Influencer-Kategorien auf Youtube Zahren im Druck. Rezos Hauptkanal, gegründet 2015, hieß *rezo*. Seit dem Erfolg des Videos „Die Zerstörung der CDU" veröffentlicht er nur noch auf dem Kanal *rezo ja lol ey* (gegr. 2018). Beide Kanäle haben in etwa die gleiche Abonnentenzahl. Zum Interview von LeFloid mit Kanzlerin Angela Merkel im Jahr 2015, siehe o.A., *Der Tagesspiegel*, 16.8.2017.
116 Die Zwischenüberschriften in Rezos Video vom 18. Mai 2019 lauten: „Gewinner und Verlierer" (min 1:36 bis 5:39), „Die Klimakrise. Wie die CDU unser Leben zerstört" (5:40 bis 29:20), „Krieg und zerplatzende Menschen" (29:21 bis 46:12) und „Diskreditierung von vor allem jungen Bürgern" (46:13 bis 54:57).

https://doi.org/10.1515/9783110749083-004

thematisierte er unter anderem die Funktion der amerikanischen Militärbasis Ramstein. Vor allem kritisierte Rezo sehr direkt und emotional die Haltung der deutschen Bundesregierung im Zusammenhang mit amerikanischen Drohnentötungen über Ramstein.

In allen vier Bereichen stellte er auf Seiten der zitierten Politiker und Politikerinnen zum einen Inkompetenzen fest und zum anderen den Hang dazu, Unwahrheiten zu verbreiten. Beides schätzte er als gefährlich für die Zukunft der Demokratie ein. Was die Politiker dieser Parteien und ihre Wähler laut Rezo zudem gemeinsam hätten, sei ihr (hohes) Alter. Rezo unterstreicht dies mit dem Satz im Teaser zu seinem Video: „Sonst entscheiden Rentner über eure Zukunft und geil ist das nicht."[117] Er belegte seine Aussagen auf elf A4-Seiten. Die nachlesbaren Belege aus Printmedien bzw. deren Onlineausgaben, TV und Online-Medien wurden jeweils kurz eingeblendet, während er sprach.[118]

Zunächst sorgte Rezos Video-Essay[119] für erhebliche Irritationen und Aufregung in der etablierten deutschen Medien- und Parteienlandschaft. Nach Faktenchecks, die seine Aussagen bekräftigten, und kurzer Verständigung in allen Lagern trat eine Art Beruhigung ein. Rezo veröffentlichte im Juni 2019 seinen ersten Text im Wochenmagazin *Der Spiegel*[120] und schreibt seit Oktober 2019 eine zweiwöchig erscheinende Kolumne auf *Zeit Online* mit dem Namen „Rezo stört".[121] Im November 2019 erhielt er den UmweltMedienpreis für sein „kleines Meisterwerk".[122] Die Einladungen für TV Talkshows der großen Sender schlug er vielfach aus, zweimal jedoch sagte er zu.[123] Zudem war er im selben Jahr zweimal sehr ausführlich in Podcasts zu hören.[124] Die Eingliederung des (gar nicht so) neuen For-

---

117 Siehe Rezo 18.5.2019a.
118 Siehe Rezo 18.5.2019b.
119 Siehe den Kommentar der Medienkritikerin Samira El Ouassil auf *Übermedien* zu Rezos Video als eine Form des klassischen Essays, El Ouassil 2019.
120 Rezo, *Der Spiegel*, 1.6.2019.
121 Die bis Dezember 2019 veröffentlichten Artikel auf *Zeit Online* behandelten folgende Themen: „Horst Seehofer ist kein drolliges Kleinkind" (24.10.2019), „Die CDU hat mich nicht verklagt" (5.11.2019), „‚OK, Boomer' ist okay, Boomer!" (20.11.2019), „Was soll ich in einer Partei?" (3.12.2019), „Traue dich, o Christenheit!" (19.12.2019).
122 Rezo erhielt den UmweltMedienpreis in der Kategorie Online. Die Laudatio „Rezo hat ein kleines Meisterwerk geschaffen" hielt Markus Beckedahl, der Gründer und Chefredakteur von *Netzpolitik.org*, nachzulesen in Beckedahl 2019. Rezo erhielt für sein Video auch den Grimme-Preis 2020 in der Kategorie „Spezial" und den Publikumspreis Platz 3.
123 Vgl. Neo Magazine Royale, 13.6.2019 und Zapp. Das Medienmagazin, 23.10.2019.
124 Zunächst war Rezo am 18.6.2019 als Gast im Podcast *Aufwachen! & Nachrichten gucken* zu hören, vgl. Jung und Schulz 2019. Das Audio dauert 5 Stunden 40 Minuten. Im November 2019 wurde er im Podcast *Alles Gesagt* von den beiden *Zeit*-Redakteuren Jochen Wegener (Chefredak-

mats Youtube-Video, der neuen Sprache und der Zielgruppe der Unter-30-Jährigen in die deutschsprachige Medienöffentlichkeit, die nicht nur die Überschneidung etablierter und neuer Medienkanäle, sondern auch junger und erfahrener Stimmen sowie progressiver und konservativer Einstellungen versprach, schien zu glücken.[125]

4.2 „Krieg und zerplatzende Menschen"

Im dritten Teil seines Video-Essays spricht Rezo unter der Überschrift „Krieg und zerplatzende Menschen" 17 Minuten lang über das Thema Krieg, militärische Operationen und Kriegsverbrechen.[126]

Dieser Teil seines Videos ist in vier Abschnitte gegliedert. Rezo beginnt mit der Frage „Sollte man den USA vertrauen?"[127] Daraufhin fasst er einige Ereignisse zusammen, die sich während und nach dem Irak-Krieg 2003 zugetragen haben. Insbesondere weist er auf die Tötung von zwei für die Nachrichtenagentur *Reuters* arbeitenden Journalisten in Bagdad am 12. Juli 2007 hin, die durch US-Soldaten aus einem Helikopter heraus ins Visier genommen wurden. Er schildert den Fall, zeigt Ausschnitte eines Echtzeit-Videos, das im Jahr 2010 von *Wikileaks* veröffentlicht wurde und auf Youtube, LLC zu finden ist (min 30:21). Er nennt den Vorgang eine „Hinrichtung" (min 30:42) und thematisiert dann die Rolle von Whistleblowern, die der Öffentlichkeit Geheimdienstinformationen zur Verfügung stellten, wie z.B. Chelsea (vormals Bradley) Manning, ohne die wir nichts von diesem Vorfall wüssten. Diese würden jedoch für die Veröffentlichung von geheimen Informationen zu Gefängnisstrafen, anders als die verantwortlichen Militärs für ihre Taten, verurteilt.[128]

Im zweiten Abschnitt mit der Überschrift „Drohnenmorde über Deutschland" kommt Rezo auf Kampfdrohnen zu sprechen.[129] Er erklärt anhand einer Graphik

---

teur von *Zeit Online*) und Christoph Amend (Chefredakteur des *Zeit Magazins*) interviewt. Dieses Interview dauerte 8 Stunden 40 Minuten, vgl. Amend und Wegener 2019.
125 Markus Beckedahl von *Netzpolitik.org* beklagte in seiner Laudatio für Rezo bei der Vergabe des UmweltMedienpreises allerdings Folgendes: „Persönlich war ich etwas traurig, im Nachspann lesen zu müssen, dass das Thema Ausbau der Massenüberwachung leider aus Zeitgründen nicht umgesetzt wurde. Seitdem hoffe ich auf ein Nachfolger-Video", vgl. Beckedahl 2019.
126 Rezo 18.5.2019a Thema „Krieg und zerplatzende Menschen", min 29:21 bis 46:12.
127 Rezo 18.5.2019a Abschnitt „Sollte man den USA vertrauen?", min 30:19 bis 32:48.
128 Manning wurde 2013 zu 35 Jahren Haft verurteilt. Im März 2020 wurde das Urteil aufgehoben, vgl. Pengelly, *The Guardian*, 12.3.2020.
129 Rezo 18.5.2019a Abschnitt „Drohnenmorde über Deutschland", min 32:49 bis 44:21.

aus dem Magazin *Der Spiegel* 2015, dass die Steuerung dieser unbemannten Flugzeuge von Nevada aus wegen der Erdkrümmung nicht möglich sei. Die Amerikaner benötigten deshalb Unterstützung, die sie von Deutschland bekämen:

> Daher brauchen die irgendwen, der ihnen dabei hilft [unterlegte Ambient-Musik hört auf]: Und dieser irgendwer, sind wir [Ambient läuft weiter].[130]

Danach erklärt Rezo etwas genauer, was Drohnen sind. Drohnen seien ferngesteuerte Flugzeuge ohne Piloten im Cockpit und mit Waffen an Board. Er konzentriert sich dann auf diese speziellen Waffen, blendet ein Foto der von Lasern gesteuerten Waffe GBU-12 ein, die sechs Meilen zurücklegen kann und zeigt das Bild einer *Hellfire*-Rakete:

> Also krasse Waffen, Laser-gelenkte Bomben, *Hellfire*-Raketen, Diggi, die haben Höllenfeuer im Namen, wie krass ist das.[131]

Im dritten Abschnitt mit der Überschrift „Völkerrecht ja lol ey" (Völkerrecht, dass ich nicht lache)[132] thematisiert Rezo Drohnentötungen. Zunächst streift er den Aspekt Menschenwürde. Er nennt mehrere Beispiele, in denen Unschuldige durch Drohnen getötet wurden, wie den Beschuss eines jemenitischen Dorfes, die Tötung einer Frau in Pakistan, die gerade auf dem Feld arbeitete, und die Bombardierung einer Hochzeitsgesellschaft im Jemen.[133] Anhand eines Filmausschnittes, in dem ein Panzer von einer *Hellfire*-Rakete zerstört wird, veranschaulicht Rezo, was bei solch einem Waffeneinschlag passiert. Gleichzeitig weckt er Verständnis für die Gefühle der Menschen in den betroffenen Gebieten:

> Ich hab jetzt keine Aufnahme davon, wie diese Leute und das Leben aller Angehörigen von den USA und uns zerstört wurden, aber ich habe hier ne Aufnahme von nem Panzer, der so ne Rakete abbekommt. Stellt euch mal vor, das wär nen Auto und da sind so eure Eltern oder Kinder drin. Whoopsy Daysi.[134]

---

130 Rezo 18.5.2019a, ab min 33:12.
131 Rezo 18.5.2019a, ab min 33:55. *Hellfire* (Höllenfeuer), zuvor HELFIRE, ist das Akronym für *Heliborne, Laser, Fire and Forget Missile*, vgl. https://missilethreat.csis.org/missile/agm-114-hellfire/. Ich danke Hanna Friedel für diesen Hinweis.
132 Rezo 18.5.2019a, Abschnitt „Völkerrecht ja lol ey", min 34:39 bis 42:21. Die Zwischenüberschrift ist eine Anspielung auf den Namen seines Youtube-Kanals *Rezo ja lol ey*.
133 Rezo 18.5.2019a, ab min 34:40. Vgl. auch Starski, *VerfBlog*, 16.6.2015 und für die getötete Frau in Pakistan Rehman, *Time Magazine*, 26.7.2016.
134 Rezo 18.5.2019a, ab min 36:11. Er verweist hier mit seiner Quellenangabe B76 auf einen dokumentarischen Filmausschnitt, der mit der Überschrift „What a hellfire missile does" auf

Nachdem er erklärt, dass die Genfer Konvention den unbedingten Schutz Unbeteiligter in Kriegshandlungen beinhaltet, kommt er auf das Argument zu sprechen, dass diese Art von Tötungen eher neue Terroristen hervorbringen würde als Terrorismus zu bekämpfen.[135]

Schließlich führt er die aus seiner Sicht inkompetenten, deutschen Politiker vor, die entweder als Sprecherinnen der Bundesregierung oder als Verantwortliche im Auswärtigen Amt tätig waren, als die Bundesregierung im November 2016 das erste Mal offiziell im Bundestag anerkannte, dass über die US-Militärbasis Ramstein Drohneneinsätze im Nahen Osten gesteuert werden. Am meisten echauffiert sich Rezo über die wiederholten Aussagen, man würde den USA glauben, dass sie bei ihren Militäroperationen das Völkerrecht nicht missachten würden.[136] Rezo macht sich daraufhin mit unterlegter Blasmusik über diese Politiker lustig.

Daraufhin zeigt Rezo Ausschnitte eines Interviews von Tilo Jung mit Sigmar Gabriel (SPD) für das TV-Format *Jung & Naiv* im September 2017, in dem Jung Gabriel über Drohneneinsätze und die Relaisstation in Ramstein befragt.[137] Gabriel, der in diesem Interview bestreitet, dass Deutschland in den Krieg mittels Drohnen involviert sei, war zu diesem Zeitpunkt deutscher Außenminister (Januar 2017 bis März 2018):

> Really Diggi? Du weißt das nich so genau? Du warst zu dem Zeitpunkt fucking Außenminister. Das zu wissen ist genau dein Job gewesen. Das war ja kein Insiderwissen, sondern zu dem Zeitpunkt längst durch alle Medien durch.[138]

Schließlich wendet sich Rezo vom Thema Drohnentötungen ab und anderen militärischen Themen zu, u.a. der Anti-ISIS Koalition, an der Deutschland beteiligt

---

Youtube gestellt wurde. In den Kommentaren zum Video wird allerdings vermerkt, dass es sich hierbei nicht um eine *Hellfire*-Rakete handele, sondern um eine *Javelin*, die sehr viel kleiner ist, aber auch eine enorme Sprengkraft hat.

135   Rezo 18.5.2019a, ab min 37:29. Hier zitiert er Kohn, *Quarz*, 9.12.2015. Vgl. zu diesem Argument z.B. die Aussage des pakistanischen Botschafters Zamir Akram in den USA im Jahr 2012: „We find the use of drones to be totally counterproductive (...) It leads to greater levels of terror rather than reducing them", zitiert nach Nohrstedt/Ottosen 2014, 171.

136   Rezo 18.5.2019a, ab min 38:34. Vgl. dazu die Drucksache des Bundestags vom 25.1.2017: „(...) Für die Bundesregierung ist die weiterhin geltende Zusicherung der USA entscheidend, dass Aktivitäten in US-Militärliegenschaften in Deutschland im Einklang mit geltendem Recht erfolgen", Drucksache 18/11023, 2017, 8.

137   In der Drucksache 18/11023, 2017, 3 war in der Tat bestätigt worden, dass Ramstein als Relaisstation für Drohneneinsätze dient. Das über Youtube veröffentlichte TV-Format *Jung & Naiv – Politik für Desinteressierte* wurde 2013 vom Journalisten Tilo Jung gegründet.

138   Rezo 18.5.2019a, ab min 41:33.

sei und die ohne Völkerrechtsmandat operiere.[139] Im vierten Abschnitt mit der Überschrift „Lutschi Lutschi Mr. President"[140] vergleicht Rezo die Haltung der Bundesregierung gegenüber den in Deutschland von den USA stationierten und jüngst modernisierten Atomraketen mit derjenigen gegenüber Russland und Russlands Stationierung und Modernisierung von Raketen im eigenen Land. Der Vergleich fällt so aus, dass die deutsche Bundesregierung sich gegenüber Russland sehr wohl kritisch äußere, nicht jedoch gegenüber den USA, denen gegenüber sie sich prostituiere.[141]

Rezo beendet seinen Video-Essay mit einem ernsten, sogar pathetischen Schlusswort.[142] Der Influencer hat Hoffnung, dass sich Dinge verändern lassen, und setzt dabei seinen eigenen Worten zufolge auf Logik, wissenschaftlichen Konsens, christliche und humanistische Werte sowie Selbstverantwortung.[143]

4.3 Rezos Sprache: „AKK? LOL!!! =D =D =D"

Rezo thematisiert außergerichtliche Drohnentötungen in den beiden Abschnitten „Drohnenmorde über Deutschland" und „Völkerrecht ja lol ey." Wie in den anderen Teilen seines Videos kritisiert er die Politik der derzeitigen deutschen Bundesregierung, einer Koalition von CDU und SPD.

Der Youtuber nimmt mehrmals die Perspektive der Opfer von Drohnentötungen ein und fordert sein Publikum auf, dasselbe zu tun („stellt euch mal vor, eure Oma is im Garten" min 35:08, „stellt euch mal vor, das wär nen Auto und da sind so eure Eltern oder Kinder drin" min 36:18). Die Identifikation mit den Opfern bzw. mit deren Angehörigen steht im deutlichen Kontrast zum Portrait von trägen, coolen und dadurch fahrlässigen Tätern bzw. den Drohnenpiloten:

---

139 Rezo 18.5.2019a, ab min 42:21.
140 Rezo 18.5.2019a, Abschnitt „Lutschi Lutschi Mr. President", min 43:49 bis 46:12. „Lutschi Lutschi" bedeutet, sich dem Präsidenten anzubiedern bzw. sich anzubieten im Sinne von sich zu prostituieren. Dies geht auf ein Zitat aus dem Film *Full Metal Jacket* von Stanley Kubrick (1987) zurück, in dem sich eine vietnamesische Prostituierte namens Ming-Li zwei amerikanischen Soldaten anbietet. Dies wiederum wird in der Animationsserie *South Park* in Folge 213 zitiert (Cartman hält sich für die vietnamesische Prostituierte Ming-Li), vgl. o.A. „213 - Cow Days." Ich danke Daniel Schwarz für diesen Hinweis.
141 Rezo 18.5.2019a, ab min 46:05.
142 Rezo 18.5.2019a, ab min 54:33.
143 Man weiß nicht viel über Rezo als Person, aber es ist bekannt, dass er in einem Pfarrhaushalt aufgewachsen ist. Vgl. Rezo, *Zeit Online*, 19.12.2019.

> Fragt dein Praktikant, sag mal Diggi, solln wir die nich vorher alle überprüfen, bevor wir die alle töten? Und du so, nee, überprüfen is voll uncool, da sin bestimmt Terroristen drin.[144]

Darüber hinaus zeigt Rezo Verständnis sowohl für das Leid der Hinterbliebenen als auch für deren Rachegefühle:

> Und ich mein, es is ja auch irgendwie logisch, stell dir mal vor, irgendein Land kommt an und zerfetzt vor deinen Augen deine Kinder oder deine Frau, natürlich hast du Hass in deinem Herzen und den Wunsch nach Rache.[145]

Sprachlich unterscheidet sich Rezos Video-Essay von dem, was sonst in journalistischen Texten und im Fernsehen als Standard gilt. Selbst mögliche Vorbilder, wie Harald Schmidt, Jan Böhmermann, Bassem Youssef oder John Oliver, brechen zwar mit Seh- und Denkgewohnheiten, stellen aber nicht, wie Rezo, den Konsens der öffentlich gesprochenen Sprache in Frage.[146] „Jede Politik kriegt das jugendliche Großmaul, das sie verdient" titelt der Journalist Max Tholl am 24. Mai 2019 im *Tagespiegel*.[147] Im *Freitag* überschreibt Axel Brüggemann seinen Artikel zum Phänomen der Internet-Influencer, die von den etablierten politischen Parteien und ihren Mitgliedern nicht verstanden würden, mit: „AKK? LOL!!! =D =D =D" (Annegret Kramp-Karrenbauer, dass ich nicht lache).[148]

Es sind die Wörter wie „fucking Außenminister", „Muddi" (für Angela Merkel), „wack" (merkwürdig), „really Diggi?" (wirklich Mann?), „Dudes" (Leute), „Lack gesoffen" (verrückt sein), „krasse Waffen", „krasse Inkompetenz", „nice", „voll lieb", „um unsere fucking Zukunft", „zerstören" (kritisieren) oder „haben die wenigstens Eier" (den Mut haben), die provozieren. Darüber hinaus duzt Rezo

---

144 Rezo 18.5.2019a, ab min 35:30.
145 Rezo 18.5.2019a, ab min 37:39.
146 Der Comedian John Oliver, der seine Show auf HBO seit April 2014 moderiert, hatte am 28.9.2014 eine Sendung über Drohnen gemacht, die heute 13 Millionen Aufrufe verzeichnet, vgl. Oliver 2014. Im deutschen TV kommen dem die Formate *Harald-Schmidt Show* (1995–2014) und die Show *Neo Magazin Royale* mit Jan Böhmermann (2015–2019) am nächsten. Im arabischen TV sind es die Show *Al-Bernameg* des ägyptischen Arztes und Comedian Bassem Youssef (2011–2014) sowie die *Joe Show* des Ägypters Yusuf Husain auf Youtube (seit 2015).
147 Tholl, *Der Tagesspiegel*, 24.5.2019.
148 Diese Art im Netzjargon und verkürzt zu schreiben, findet sich selbstverständlich auch in anderen Sprachen, im Arabischen wird sie *Arab Easy* genannt, vgl. Gonzales-Quijano 2014 und Gräf 2018. LOL, das Akronym für *laugh out loud*, wird entweder in lateinischen Buchstaben geschrieben oder in arabischer Schrift entweder als *lūl* oder mit *hahaha* übertragen bzw. es wird *aḍ-ḍāḥiq al-qawī* (starkes Lachen) benutzt.

seine Zuschauerinnen.[149] Er spricht Umgangssprache, verschluckt Endungen und ganze Wörter. Er spricht schnell, sozusagen ohne Punkt und Komma.[150] Rezo scheut die Polemik nicht, z.B. wenn er über die Auswirkungen der Waffen spricht, die von Drohnen aus abgefeuert werden: „Da liegt dann vielleicht nochn loser Arm rum oder so. Wenn du Glück hast." (min 34:14). Durch diese Art zu sprechen erzeugt er Nähe, zumindest für die Generation, die er anspricht. Seine Ansprache ist dringlich und wirkt wie die eines Menschen, den man gut kennt. Er ist weder abgehoben noch unverständlich (jedenfalls nicht für seine Generation) noch distanziert.

Diese Sprache suggeriert eine unkomplizierte, direkte Kommunikation. Das soll nicht darüber hinwegtäuschen, dass Rezo und sein Team mit einer durchdachten Choreographie gearbeitet haben. Ganz bewusst werden verschiedene Stilmittel eingesetzt, wie eine Stimme aus dem Off, die Imitation von Dialogen, rhetorische Fragen für die imaginierten Zuschauer und die leiser und lauter werdende Stimme bis hin zum Flüstern. Er unterlegt seinen Text mit Melodien verschiedener Musikrichtungen. Wenn er etwas betonen will, hört die Musik ganz auf, wenn er sich lustig macht, benutzt er Blasmusik.[151]

Das Video ist professionell geschnitten. Es enthält schnelle Schnitte und Close-Ups auf Rezos Gesicht, wenn etwas besonders wichtig ist. Fotos und Videos von anderen Personen, Dingen bzw. Ereignissen werden kurz eingeblendet. Der Fokus liegt jedoch auf Rezo selbst, wie er im orangefarbenen Pulli mit blauer Locke und Basecap in seinem Zimmer sitzt, im Hintergrund drei Gitarren und ein E-Piano, vor ihm ein Schreibtisch, auf dem eine Box steht und eine Computermaus liegt.[152] Rezo belegt seine Aussagen mit Referenzen, bestehend aus journalistischen Texten in deutscher und englischer Sprache, die online zur Verfügung stehen. Seine frühesten Belege in Bezug auf Drohneneinsätze stammen aus dem Jahr 2013.[153]

---

149 Vgl. dazu seine Kolumne auf *Zeit Online* „Entschuldigung, seit wann siezen wir uns?" vom 28.1.2020.
150 Die Geschwindigkeit des Videos wurde wahrscheinlich in der Nachbearbeitung leicht erhöht, eine gängige Praxis, um mehr Informationen in kürzerer Zeit transportieren zu können. Ich danke Hanna Friedel für diesen Hinweis.
151 Der Sound von Drohnen spielt in Rezos Video keine Rolle. Vgl. für das Geräusch, das die Drohne *Reaper* verursacht, die Wikipedia-Seite „General Atomics MQ-9"; für Sound-Beispiele verschiedener Drohnentypen Cardoso und Pater 2015.
152 Samira El Ouassil beschreibt seinen Stil als „spezifische Youtube-Ästhetik aus direkter Kameraansprache, *jump cuts* und juveniler Diktion", vgl. El Ouassil 2019.
153 Vgl. Pramstaller, *Die Zeit*, 22.10.2013 und o.A., *Die Welt*, 13.12.2013.

4.4 Berichterstattung über Rezos Video-Essay

Die Aufmerksamkeit für das Video „Die Zerstörung der CDU" war immens. Mindestens 91 journalistische Reaktionen (Artikel, Interviews, Kommentare) gab es in den reichweitenstarken Leit- bzw. Mainstream-Medien allein in der ersten Woche nach der Veröffentlichung (20. bis 26. Mai 2019).[154] Die meisten Texte bezogen sich dabei auf die Klimapolitik der deutschen Bundesregierung und auf die Sprache, in der Rezo seine Kritik vortrug. Auch die diversen Faktenchecks sowohl in den großen Blättern als auch auf alternativen Kanälen bezogen sich hauptsächlich auf diesen zweiten Teil, der etwa die Hälfte des Videos ausmacht.[155] Rezo bekam vor allem von Wissenschaftlerinnen viel Lob für seine Recherche, Journalistinnen waren dagegen eher skeptisch.[156]

Weniger als ein Fünftel aller von mir in der ersten Woche nach Erscheinen des Video-Essays recherchierten Texte erwähnten den dritten Teil des Video-Essays „Krieg und zerplatzende Menschen". Fünf dieser 16 Texte thematisierten das Thema Drohnen etwas ausführlicher und setzten sich mit der deutschen Verantwortung hinsichtlich des Drohnenkriegs der USA auseinander, drei davon in der Form von Faktenchecks.[157] Hier fielen die Meinungen kritischer aus als zum Thema Klimapolitik: Rezos Argumentation greife zu kurz, die von ihm angesprochenen Fragen würden längst ausführlich diskutiert werden, die Filmausschnitte seien willkürlich zusammengesetzt. Emotionen statt Argumente sei bei seiner Generalabrechnung die Devise, meinen Patrick Bernau und seine Kolleginnen in der FAZ.[158] Ähnlich bewertete Valerie Höhne auf *Spiegel Online* den Teil des Video-Essays, in dem es um Krieg, Kriegsverbrechen und Drohnentötungen geht.[159]

Axel Bojanowski und seine Kolleginnen bescheinigen Rezo in ihrem Faktencheck auf *Spiegel Online* dagegen, dass er tatsächlich einen wunden Punkt träfe:

---

154 Vgl. Tabelle 1 im Anhang. Meine Online-Recherche bezog sich zunächst auf die Woche vom 20. bis 26. Mai 2019. Danach suchte ich nach Reaktionen auf audiovisuellen Kanälen wie TV, Youtube, Twitter und weiteren Online-Portalen. Dabei stieß ich auf vielfältige (nicht in jedem Fall brauchbare) Informationen, z.B. diejenige, dass es seit September 2019 neben einem deutschen, englischen und katalanischen Eintrag über Rezo einen Artikel in der persischsprachigen Wikipedia gibt.
155 Rezo 18.5.2019a, Thema „Die Klimakrise. Wie die CDU unser Leben zerstört", min 5:39 bis 29:23. Für die Faktenchecks bezüglich der Klimakrise siehe z.B. das Video von Mai Thi Nguyen-Kim auf ihrem Youtube-Kanal *maiLab* vom 23.5.2019, Thomsen, *Der Tagesspiegel*, 26.5.2019 und o.A. „Hat Rezo recht? Der Faktencheck zum Anti-CDU-Video," *Focus*, 23.5.2019.
156 Rahmstorf, *Scilogs.spektrum*, 24.5.2019. Siehe auch Rezo, *Twitter*, 29.5.2019.
157 Vgl. Tabelle 1 im Anhang.
158 Vgl. Bernau et al, *FAZ*, 23.5.2019.
159 Höhne, *Spiegel Online*, 23.5.2019.

Obwohl es klare Hinweise darauf gibt, dass der Stützpunkt als Relaisstation für die Steuerung von Drohnenattacken im Nahen Osten und Afrika dient, hat sich die Bundesregierung nie ernsthaft um Aufklärung bemüht. Technisch gesehen hat der Militärstützpunkt allerdings wohl tatsächlich nicht mehr als eine Weiterleiter-funktion. (...). Technisch stimmt das, aber ohne die Basis wäre eben auch die Weiterleitung der Befehle nicht möglich.[160]

Lilly Schlagnitweit fragt in der taz, ob Rezo Aufklärer oder Demagoge sei, und tendiert selbst zur Einschätzung als Aufklärer, zumal für das Publikum, das er anspricht.[161]

Die CDU veröffentlichte am 23. Mai 2019 eine schriftliche Antwort auf Rezos Video auf ihrer Partei-Website, ein Antwort-Video war im Gespräch, wurde jedoch nicht veröffentlicht. Unter der Überschrift „Offene Antwort an Rezo: Wie wir die Sache sehen" bezog die Partei Stellung zu drei der vier von Rezo angesprochenen Themen. Der dritte Teil des Video-Essays „Krieg und zerplatzende Menschen" gehörte dazu.[162]

Zur Drohnenthematik vertraten die Autoren der Partei die Position, dass Drohneneinsätze nicht „per se völkerrechtswidrig seien" und wiesen auf den „Status der Immunität von Ramstein" hin, der nur begrenzte Möglichkeiten zuließe, Ermittlungen anzustellen. Sie verwiesen auf das Recht auf Selbstverteidigung der USA laut UN-Resolution 1368 und in diesem Zusammenhang auf den Bündnisfall laut NATO-Vertrag (Art. 5), der einen Tag nach den Anschlägen von 9/11, am 12. September 2001, in Kraft trat. „Die deutsche Unterstützung des Kampfes gegen den internationalen Terrorismus" werde auch durch „die Ausrufung des gegenseitigen Beistands nach Artikel 42,7 EU-Vertrag legitimiert," der „von der EU nach dem Terroranschlag des IS in Paris vom 13. November 2015" ausgerufen worden sei.[163] Auf Rezos eindringliche Aufforderung, sich mit den zivilen Opfern und dem Leben unter Drohnen sowie der deutschen Rolle bei Drohnenangriffen auseinanderzusetzen, gingen die Autoren des Papiers nicht ein.

Der Generalsekretär der CDU Paul Ziemiak (geboren 1985) räumte den Nachholbedarf seiner Partei bei der Kommunikation mit jungen Leuten ein. „Da haben wir als CDU noch Luft nach oben", sagte er der Nachrichtenagentur AFP. Seiner Partei sei es noch nicht ausreichend gelungen, junge Leute anzusprechen. „Ich glaube, dass wir in der Kommunikation nicht nur schneller werden müssen, sondern auch online präsenter."[164]

---

160 Bojanowski et al., *Spiegel Online*, 24.5.2019.
161 Schlagnitweit, *taz*, 21.5.2019.
162 CDU 2019.
163 CDU 2019.
164 Vgl. Schütz, *Bild*, 24.5.2019.

Über die Printmedien und die schriftliche Stellungnahme der CDU hinaus wurde Rezos Video auch in audiovisuellen Medien besprochen, meistens ohne ihn.[165] Wie schon erwähnt war er in zwei öffentlich-rechtlichen TV-Sendungen zu sehen und in zwei Podcasts zu hören.[166] Im Interview mit Kathrin Drehkopf bei *Zapp* im Oktober 2019 sprach Rezo vom „linearen Fernsehen" als klassischem Medium, das er nicht rezipiere und von daher nicht so gut kenne. Einladungen zu Talkshows würde er schon aus diesem Grund ausschlagen, darüber hinaus aber auch, weil es nie genug Zeit gebe, die Dinge wirklich zu besprechen (offenbar ein Vorteil von Youtube-Videos und Podcasts, bedenkt man die acht Stunden und vierzig Minuten, die Rezo bei *Alles Gesagt* verbracht hat).[167]

Weder bei Böhmermann noch bei Drehkopf kam das Gespräch auf Drohnentötungen und die Militärbasis Ramstein zu sprechen. Die Themen angemessene Sprache, Standardsprache und Slang sowie generationsübergreifende Kommunikation hingegen wurden besprochen. Max Tholl verband in der Zeitung *Der Tagesspiegel* die verschiedenen Arten sich auszudrücken mit den verschiedenen Welten, in denen man lebe. In Rezos Welt würde man ungefiltert Emotionen artikulieren, in Pressemeldungen und Talkshows sei die Sprache hingegen weltabgewandt.[168] Im Grunde übernehme Rezo eine Übersetzerfunktion, nicht nur zwischen Jung und Alt, sondern zwischen Politik und Alltag, denn politische Sprache sei oft unverständlich. Ähnlich sahen es auch andere Kommentatoren, die sein Video nicht nur „hochinteressant, sondern auch unterhaltsam" fanden.[169]

---

165 Rezos Video-Essay wurde in Talkshows wie *Anne Will*, *hart aber fair*, *Maischberger*, *Maybrit Illner* und *Markus Lanz* sowie bei *Augstein und Blome* diskutiert. Vgl. o.A., „Die Zerstörung der CDU", *Wikipedia*.
166 Vgl. *Neo Magazine Royale* mit Jan Böhmermann (ZDF), 13.6.2019, *Zapp. Das Medienmagazin* mit Kathrin Drehkopf (NDR), 23.10.2019, Podcast *Aufwachen!*, 18.6.2019 mit Tilo Jung und Stefan Schulz sowie Podcast *Alles Gesagt*, 11.10.2019 mit Christoph Amend und Jochen Wegener.
167 Vgl. die Gründe, die Sebastian Cody, einer der Gründer der britischen Produktionsfirma *Open Media* (gegr. 1987), dafür angibt, warum die Talkshow *After the Dark* so außergewöhnlich erfolgreich gewesen sei: „Second, *After Dark* was an open-ended programme: the conversation continued, not only past the point when TV normally interrupts the flow with the words 'I am sorry, we'll have to leave it there, we have no more time', but past the point when the guests had said what they had come to say. What they said then, often in response to listening to others they met on the programme, could become exceptionally interesting", Cody 2017.
168 Tholl, *Der Tagesspiegel*, 24.5.2019.
169 Seitz, *Focus*, 28.5.2019.

4.5 Frühstück mit Drohne

Rezo adressiert mit seiner Intervention die Generation der Unter-30-Jährigen und macht gleichzeitig deren politische Anliegen transparent. Er fordert dazu auf, ihre Wahrnehmung der politischen Wirklichkeit in den allgemeinen Wertekanon aufzunehmen, auch wenn sie eine andere Sprache sprächen und sich in anderen Kanälen aufhielten, eher bei Youtube als in politischen Talkshows im Fernsehen. In emotionaler Weise kritisiert er die blinden Flecken der derzeitigen deutschsprachigen Debattenkultur, die von der Generation der Über-50-Jährigen dominiert werde.[170]

Grundsätzlich traf seine Kritik, was den Umweltschutz und die Sozialpolitik der Bundesregierung angeht, auf große Aufmerksamkeit und sehr viel Zustimmung, auch in den etablierten Blättern. Dem Thema amerikanische Drohnenangriffe und deutsche Mitverantwortung für diese Einsätze wurde jedoch wenig Beachtung geschenkt. Woran lag das? Es ist fraglich, ob dies damit begründet werden kann, dass die öffentliche Debatte über das Thema schon ausreichend geführt worden war, wie die Autorinnen der FAZ nahelegten.[171] Vielleicht müsste man nicht nur fragen, ob, sondern auch wo und mit wem über das Thema illegale Drohnentötungen schon genügend diskutiert worden sei – die Frage weist darauf hin, dass nicht nur verschiedene soziale Schichten verschiedene Medien konsumieren bzw. an ihnen partizipieren,[172] sondern auch darauf, dass unterschiedliche Generationen auf unterschiedlichen Plattformen kommunizieren.

Bis zur Veröffentlichung von Rezos Video gab es in der etablierten Presse wenig selbstreflektierende und einfühlsame Berichterstattung darüber, was militärische Drohnen im Alltag von Menschen bedeuten, deren Land sich nicht in einem offiziellen und formal erklärten Krieg befindet, angefangen vom Sound, den die unsichtbaren Flugkörper aus 1,5 Kilometern Höhe verursachen, über die Angst, die das Wissen um solche Flugkörper auslöst, bis hin zum Verlust von Angehörigen durch Drohnenangriffe.[173] Die Mediensoziologin Jutta Weber spricht in diesem Zusammenhang vom „ungesehenen Leid der Zivilbevölkerung" und der „Bug-Splat-Ideologie", einer Abwertung und Banalisierung der Anderen und einem tiefen Desinteresse an deren Leiden.[174]

---

170 Zur Boomer-Generation, wie sie häufig in Sozialen Netzwerken genannt wird, vgl. auch Rezo, *Zeit Online*, 20.11.2019.
171 Vgl. Bernau et al., *FAZ*, 23.5.2019.
172 Vgl. zur Frage der Partizipation an der bürgerlichen Öffentlichkeit z.B. Negt/Kluge 1990.
173 Vgl. aber Rüb, *FAZ*, 25.9.2012, der die ausführliche Studie der International Human Rights and Conflict Resolution Clinic at Stanford Law School 2012 bespricht.
174 Weber 2012, 45 und 47f. Vgl. ähnlich Osman 2017, 353ff.

Geräusche und der Ton von Drohnen werden von Betroffenen häufig angesprochen. Manchen Interpretationen zufolge kommt die Bezeichnung „Drohne" vom Brummen, das sie während des Flugs verbreitet. Da manche Drohnentypen bis zu 32 Stunden in der Luft bleiben können, führt dies u.a. zu Angst- und Belastungsstörungen bei der Bevölkerung, die unter Drohnen lebt.[175]

Der Komponist Gonçalo F. Cardoso hilft denjenigen, die nicht unter Drohnen leben, die Geräusche nachzuhören. Im Jahr 2015 brachte er zusammen mit dem Designer Ruben Pater beim Label *Discrepant* eine Schallplatte mit dem Titel *A study into 21st century drone acoustics* heraus, auf der er die Geräusche verschiedener Drohnentypen imitiert. Auf dem Platten-Cover steht folgender Text:

> Much attention is focused on drones as ‚eyes in the sky.' However for people on the ground, the sound of the drones is much more pervasive. Military drones fly at high altitudes and are more often heard than seen.
> The word drone itself is rooted in sound, referring to the noise of the male honeybee. The sound of drones in areas of conflict create frightening soundscapes that go on for many hours on end. The sound gives them nicknames like Zanana (buzz) in Palestine.[176]

Vor allem Künstlerinnen setzten sich mit diesen Phänomenen auseinander.[177] Ein eindrucksvolles künstlerisches Zeugnis, insbesondere was die Frage angeht, wie Drohnenoperationen am „empfangenden" Ende aussehen, verfasste der Politikwissenschaftler und Schriftsteller Atef Abu Saif mit seinem Tagebuch *Frühstück mit der Drohne* (2015; engl. *The Drone Eats With Me*). Abu Saif beschreibt hier seine Erfahrungen während der israelischen Operation „Protective Edge" im Gaza-Streifen im Juli 2014 und bebildert sie mit eigenen Zeichnungen. Er schildert detailliert Schock und Normalität und zeigt, wie der Alltag einer Familie in asymmetrischen bewaffneten Auseinandersetzungen aussieht, die mit Drohnen ge-

---

175 Vgl. International Human Rights and Conflict Resolution Clinic at Stanford Law School 2012.
176 Cardoso/Pater 2015, vgl. ebenso den anthropologischen Podcast von Milkman 2017, ab min 6:20. Vgl. auch Gerstenberg, *Deutschlandfunk*, 25.4.2016 für das „Sirren" der Drohnen.
177 Siehe neben der Aufführung des Theaterstücks *Am Boden* von George Brant, die Arbeiten „Drone Survival Guide" von Ruben Pater (2012), „5,000 Feet is the Best" von Omar Fast 2011 oder „How Not to Be Seen: A Fucking Didactic Educational .Mov File" von Hito Steyerl 2013, die in der Ausstellung *Watched! Surveillance, Art and Photography* in der Fotogalerie C/O Berlin vom 17.2. bis 21.5.2017 zu sehen und zu hören waren. Vgl. auch den einführenden Text von Scheutle 2017 zur Ausstellung *no secrets* im Münchner Stadtmuseum vom 23.3. bis 16.7.2017. Vgl. zu künstlerischen Praktiken des „culture jamming" in Bezug auf den Drohnenkrieg Osman 2017, 353f. und 354ff. Die Künstlerinnen bezeichnet Wazhmah Osman als „drone jammers", vgl. ebd. 354. Siehe zu „Drohnenkunst" (drone art) auch Stubblefield, 2017.

führt werden. Auch der Sound der Drohnen spielt in seinen Beschreibungen immer wieder eine Rolle.[178]

---

[178] Abu Saif 2015a und b. Siehe auch Gerstenberg, *Deutschlandfunk*, 25.4.2016. Israel war das erste Land das Drohnen militärisch einsetzte, vgl. Krishnan 2012, 73. Israelische Einsätze werden vom TBIJ nicht berücksichtigt, sie werden nicht über Ramstein gesteuert und von Rezo nicht thematisiert, vgl. hierzu Hajjar 2010 und 2013.

5 Fazit

Seit 2012 gibt es in Deutschland eine intensive parlamentarische und öffentliche Debatte über die Anschaffung von bewaffnungsfähigen Drohnen für die deutsche Bundeswehr, über die in der Presse ausführlich berichtet wird bzw. die von der etablierten Presse- und TV-Berichterstattung ausgehend geführt wird.[179] Das Hauptargument für die Beschaffung ist stets der Schutz der eigenen Soldatinnen im bewaffneten Konflikt.

Die öffentliche Debatte über die Legitimität systematischer Drohnentötungen hingegen wurde in Deutschland etwas intensiver bisher vor allem im Zusammenhang mit zwei Ereignissen im Jahr 2015 geführt: mit der Klage des Jemeniten Faisal bin Ali Jaber gegen die deutsche Bundesregierung einerseits und der Befragung des ehemaligen Drohnenpiloten Brandon Bryant im NSA-Untersuchungsausschuss andererseits. Die Perspektive der Drohnenpilotinnen, einschließlich der psychischen Belastungen ihrer Arbeit, war der Ausgangspunkt vieler Diskussionen und stand auch danach noch im Mittelpunkt journalistischer Texte (sowie von Radio-Features und mindestens eines Theaterstücks). Über die Perspektive der Angehörigen von Opfern sowie derjenigen Menschen, die unter Drohnen leben, wird im Verhältnis deutlich weniger und weniger ausführlich berichtet, auch wenn es, wie bei der Klage von Faisal bin Ali Jaber vor bisher drei verschiedenen deutschen Gerichten, eigentlich um sie und ihren Schutz geht.

Die eingesetzten Bilder und Bildunterschriften der Presseberichterstattung signalisieren dabei Distanz. Selbst wenn Fotografien von betroffenen Regionen gezeigt werden, handelt es sich nicht notwendigerweise um die Orte, die tatsächlich von Drohnentötungen betroffen sind. Und selbst wenn die Orte gezeigt werden, geht der Text selten auf die konkrete Situation am jeweiligen Ort ein. Eine emotionale Brücke zu den Erfahrungen, die die Menschen unter Drohnen machen, wie Rezo sie in seinem Video-Essay baut, wird in der journalistischen Berichterstattung selten hergestellt, eher wird auf einer abstrakten Ebene auf das Völkerrecht verwiesen.

---

179 Bis Dezember 2020 hat die Bundesrepublik Deutschland noch keine waffenfähigen Drohnen angeschafft. Das Bundesministerium der Verteidigung lancierte im Mai 2020 erneut eine „breit ausgelegte gesellschaftliche Debatte" über bewaffnete Drohnen, vgl. BMVg 2020. Der Politikwissenschaftler Frank Sauer sorgt sich mittlerweile nicht mehr um den Einsatz von bewaffneten Drohnen, hier hätten Deutschland und Europa längst grünes Licht geben müssen, sondern vor allem um den Einsatz autonomer Systeme und Schwarmdrohnen, der unbedingt internationalen Regeln unterworfen werden müsse, vgl. Sauer 2019.

Sowohl Drohnenpilotinnen als auch Menschen, die unter Drohnen leben, leiden in ihrem Alltag unter dem ständigen Einsatz von Drohnen, da diese neue illegale und inoffizielle Form des Krieges seit 2002 Tag und Nacht andauert.[180] Es handelt sich nicht um den herkömmlichen, zeitlich begrenzten Krieg zweier oder mehrerer Parteien gegeneinander, sondern um einen potentiell endlosen Krieg, der von den USA seit 18 Jahren mittels Drohnen geführt wird: in Chreech in Nevada, wo die Pilotinnen sitzen, in Ramstein, wo ebenfalls Soldatinnen sitzen und das Signal aus Nevada verstärkt wird, und jeweils dort, wo sich die zu tötenden Individuen aufhalten.

Auch wenn es seit dem Jahr 2012 eine deutschsprachige Debatte um die Anschaffung von bewaffneten Drohnen für die Bundeswehr gibt und die deutsche Mitverantwortung bei amerikanischen Drohnentötungen aufgrund der Existenz der Militärbasis Ramstein auf deutschem Territorium in der etablierten Presse seit dem Jahr 2013 immer wieder thematisiert wird: Von einer konsequenten Verbindung beider Themen, die die Politik der deutschen und amerikanischen Akteure kritisiert, die das Völkerrecht systematisch unterwandert, kann bisher nicht gesprochen werden.[181]

So lässt sich auch erklären, warum Rezo in seinem Video-Essay Drohnentötungen polemisch aufgreifen und mit so viel Unverständnis für die Position der deutschen Bundesregierung thematisieren konnte. Eine Verbindung dieser beiden Themenkomplexe in einer Debatte sowie eine klare Positionierung gegen außergerichtliche Tötungen und für die Achtung des humanitären Völkerrechts seitens der Bundesregierung und des deutschen Militärs würden die Akzeptanz der Bewaffnung der Bundeswehr möglicherweise erhöhen.[182]

Ein Ergebnis der Untersuchung der deutschsprachigen öffentlichen Auseinandersetzungen mit Drohnentötungen ist die Einsicht in die Notwendigkeit eines geschärften Blicks auf generationale Unterschiede. Sowohl die Drohnenpilotinnen als auch die neuen medialen Influencer wie Rezo sind meist unter 30 Jahre alt und anders in die globale Bildschirmkultur sozialisiert als die Generationen über ihnen. Spätestens nach den Auseinandersetzungen über Sprache, die im Anschluss an Rezos Video „Die Zerstörung der CDU" innerhalb Deutschlands geführt wurden, ist klar geworden, dass verschiedene Generationen nicht mehr unbedingt dieselben kommunikativen Welten bewohnen.

---

180 Vgl. dazu auch Hippler 2019 und das Forschungsprojekt *Intimacies of Remote Warfare* der niederländischen Forscherinnen Lauren Gould und Jolle Demmers, vgl. Demmers/Gould 2020.
181 Siehe zum Stand der aktuellen deutschen Drohnendebatte Franke/Scheidt 2020.
182 Vgl. Franke/Scheidt 2020, 10.

Eine zeitgenössische Medien- und Kulturwissenschaft muss kommunikative Praktiken demnach nicht nur trans*regional* in den Blick nehmen, wie es Annabelle Sreberny im Jahr 2008 forderte, sondern auch trans*generational*, verschiedene Generationen übergreifend.[183] Mit der sich rasant entwickelnder Technologie wachsen verschiedene Generationen in unterschiedlichen Medienkulturen auf und agieren in ihnen privat, politisch und militärisch.[184] Politische Satire, politische Unterhaltung und schwarzer Humor, die die Grenzen des Sag- und Zeigbaren immer wieder aufs Neue ausloten, scheinen gute Übersetzungshilfen zwischen den generationalen, regionalen und machtpolitischen Positionierungen in verschiedenen Sprachen zu sein.[185]

Davon abgesehen hat aber die politische Kommunikation weder in den etablierten noch in den internetbasierten Medien bisher das Potential, Einfluss auf die Politik der deutschen Bundesregierung in Bezug auf außergerichtliche Tötungen zu nehmen. Man könnte daher, trotz der Aufregung um Rezos Video-Essay, von der Debatte in einer marginalisierten Öffentlichkeit sprechen.[186] Recherche, Meinungsäußerung und kritische Debatte über die Komplizenschaft der Bundesregierung mit den von den USA systematisch seit langem betriebenen außergerichtlichen Drohnentötungen über verschiedene Kanäle in der Öffentlichkeit sind selbstverständlich möglich, bleiben aber für außenpolitische Entscheidungen bisher folgenlos.

Dabei steht viel auf dem Spiel. Im Alltag des Krieges mittels Drohnen ist es nicht vorgesehen, dass sich die potentiellen Opfer der plötzlichen Tötungen vor Gericht verteidigen können. Die zu tötenden Personen werden identifiziert, beobachtet, verfolgt und eliminiert. Das nicht vorhandene Gerichtsverfahren und die Art des Tötens untergräbt jedoch offensichtlich das demokratische Rechts- und Gerechtigkeitsverständnis, das mit diesen Methoden verteidigt werden soll bzw. behält sich vor, das Rechts- und Gerechtigkeitsverständnis für bestimmte Menschen anzuwenden und für andere nicht.[187]

An diesem Punkt stellt sich möglicherweise nochmals die Frage, was dies mit der akademischen Disziplin der Islamwissenschaft zu tun hat. Was mich als Islamwissenschaftlerin angeht, so operiere ich oft mit der paradoxen Erwartungs-

---

183 Vgl. Sreberny 2008.
184 Vgl. zum Aspekt der generationenübergreifenden Forschung in Bezug auf Mediennutzung u.a. Gräf 2018.
185 Vgl. z.B. zu *memes* und *meme culture* Bratich 2017 und Dery 2017.
186 Vgl. Fuchs 2019, 315ff. Vgl. zu den unterschiedlichen Positionierungen der im deutschen Bundestag vertretenen Parteien Franke 2018.
187 Vgl. zur „Perpetrator-Centered Perspective" in Gerechtigkeitsdiskussionen Hajjar, *Jadaliyya*, 10.10.2010.

haltung anderer, den Islam in Geschichte und Gegenwart sowohl objektiv erklären als auch in Abgrenzung zu einem imaginierten *Wir* bewerten zu können. Dieses *Wir* zeichnet sich durch alles Mögliche aus, jedoch nicht dadurch, dass es muslimisch geprägt ist (auch nicht ostdeutsch, aber das ist eine andere Geschichte).[188] Die Einteilung der Welt in eine, die gut, gerecht und ethisch korrekt ist, und eine, die muslimisch ist, lagert in verschiedenen Schichten des kollektiven deutschen und europäischen Bewusstseins. Manchmal wird sie sichtbar, denkt man z.B. an die 2014 gegründete Organisation „Patriotische Europäer gegen die Islamisierung des Abendlandes" (Pegida). Diese Idee, ein christliches Abendland gegen den Islam verteidigen zu müssen, verweist auf ein tiefliegendes Verständnis der ultimativen Verschränkung der Moderne mit dem Christentum. Eine Säkularisierung, in der andere Religionen einen legitimen Platz haben, hat in dem Sinn noch nicht stattgefunden.[189] Islamwissenschaftlerinnen, die – explizit nicht konfessionsgebunden – die Geschichte und Gegenwart islamischer Ideen und Institutionen sowie muslimischer Praktiken, Gesellschaften und Kulturen untersuchen, agieren in diesem politischen Kontext. Sie können aufgrund des Gegenstandes ihres Faches den öffentlich artikulierten Abstand zwischen der als gut wahrgenommenen eigenen Welt und der muslimischen Welt als davon different nur schlecht ignorieren und, so denke ich, die kontinuierliche Reproduktion von alten Feindbildern in neuen Erscheinungsformen auch nicht unkommentiert lassen.

Die Opfer von Drohnentötungen und ihre Angehörigen in Afghanistan, Pakistan, Jemen und Somalia sind in den meisten Fällen Muslime. Ob dies in der Debatte thematisiert wird, ist meines Erachtens entscheidend, eben weil Muslime in der Berichterstattung seit den Terroranschlägen des 11. September 2001 oft pauschal als Täter verurteilt oder zumindest als suspekte Personen inspiziert werden:

> Since the bombing of the twin towers, ‚Islam' as a cultural narrative has entered a new temporal phase which in many ways signifies the re-imagining of a religion through the visual imagery of 9/11 and the global events which have unfolded since the apocalyptic images were first witnessed by the world. (...) The association of the religion with a new category of risks in urban sites and the constant state of insecurity in seemingly secure spaces represents a new narrative phase of geo-politics in which the locus of this re-imagining (...), is

---

188 Vgl. Kermani 2009.
189 Vgl. dazu z.B. Mas 2011, 2012 und 2017.

one that happens not just in faraway places but within the ‚ontological securities' of Western modernity.[190]

Spätestens seit dem „Großen Krieg" von 1914 bis 1918 steht immer wieder im Raum, dass sich die Beschaffenheit einer Gesellschaft darin zeigt, mit welchen Technologien sie ihre Normen und ihr Recht verteidigt, ob sie Folter rechtfertigt, ob sie die Todesstrafe erlaubt und ob sie den Einsatz chemischer, biologischer oder atomarer Waffen billigt.[191] Mich haben in der deutschsprachigen Debatte um das außergerichtliche Töten von Menschen mit halbautomatisierten und ferngesteuerten Waffen die Berichterstattung und Bildpolitik in den etablierten Medien interessiert sowie darüber hinaus die Möglichkeiten eines Perspektivwechsels durch Akteure in den neuen Medien. Durch mein eigenes Sprechen und Schreiben über Drohnenangriffe möchte ich nicht nur ein *Dort*, in dem Fall den Jemen, in den Blick nehmen, wo die Auswirkungen des Einsatzes von Drohnen Alltag sind, sondern auch das *Hier*, wo keine solchen Angriffe stattfinden und ziemlich abstrakt über das Für und Wider der Anschaffung von bewaffnungsfähigen Drohnen für die deutsche Bundeswehr diskutiert wird. Wir benötigen nicht nur, um auf Hans-Arthur Marsiske zurückzukommen, mehr Artikel zu Militärrobotern in namhaften Zeitungen und Zeitschriften, wir brauchen Texte, Bilder und Töne, die eine Beziehung herstellen zwischen „westliche[n] Staaten", die sich von „der Robotisierung des Militärs besonders angezogen fühlen",[192] und den Regionen, in denen diese Militärroboter eingesetzt werden.

---

190 Ibrahim 2007, 37.
191 Vgl. von Schirach 2013, Anidjar 2015 und Asad 2017.
192 Marsiske 2012a, 4 und 5.

Tabellenanhang

Tab. 1: Berichterstattung über die Klagen Faisal bin Ali Jabers im Mai 2015 und März 2019 sowie über Rezos Video „Die Zerstörung der CDU" im Mai 2019

Zeitraum	Mai 2015		März 2019		20. bis 26. Mai 2019	
Anlass	Verwaltungsgericht Köln Klage Faisal bin Ali Jaber		Oberverwaltungsgericht Münster Klage Faisal bin Ali Jaber		Drohnenthematik in der Berichterstattung über Rezos Video-Essay	
Medium	Anzahl der Texte	Art der Texte	Anzahl der Texte	Art der Texte	Anzahl der Texte	Art der Texte
FAZ	3	2 B 1 K	5	2 PM 3 K	3 von 18	1 B 1 F 1 K
SZ	4	2 B 2 K	5	3 K 1 L 1 PM	1 von 16	1 I
Der Tagesspiegel	1	1 K	2	1 B 1 PM	4 von 26	1 F 3 K
taz	5	3 K 2 PM	3	1 B 1 K 1 PM	3 von 11	3 K
Der Spiegel	2	2 IA	3	3 PM	2 von 17	1 F 1 K
Der Freitag	-	-	-	-	1 von 1	1 K
DW	1	1 PM	3	1 B 1 K 1 PM	2 von 2	2 K
DW Arabisch	2	2 PM	3	1 B 1 K 1 PM	-	-
Zeit Online	2	1 B 1 IA	1	1 B	1 von 5	1 K
Gesamt	20		25		17 von 96	

B Bericht   IA Investigativer Artikel   L   Leserbrief
F Faktencheck   K   Kommentar   PM Pressemeldung
I Interview

Im Mai 2015 recherchierte ich 20 Artikel und im März 2019 25 Artikel über die Klagen Faisal bin Ali Jabers in folgenden Zeitungen und Zeitschriften: FAZ, SZ, *Der Tagesspiegel*, taz, *Der Spiegel*, *Der Freitag* und *Die Zeit* sowie auf der Online-Plattform *Deutsche Welle*. In der ersten Woche nach dem Erscheinen von Rezos Video-Essay im Mai 2019 recherchierte ich in denselben Organen 96 Artikel zu Rezo, wovon sich 17 mit der Drohnenthematik beschäftigten. Die Berichterstattung über das neueste Urteil im Fall Faisal bin Ali Jaber durch das Bundesverwaltungsgericht in Leipzig im November 2020 konnte zeitlich für die Recherche nicht mehr berücksichtigt werden.

Tab. 2: Abbildungen in der Berichterstattung über die Klagen Faisal bin Ali Jabers

Abbildungen	Mai 2015	März 2019
Anlass	Verwaltungsgericht Köln Klage Faisal bin Ali Jaber	Oberverwaltungsgericht Münster Klage Faisal bin Ali Jaber
Drohnen	6	9
Faisal bin Ali Jaber	1	-
Drohnenpilotinnen	-	-
Ort der Drohnentötung	1	2
Ramstein	1	2
Graffito	1	1
keine Abbildungen	8	10
andere	2	1
Gesamt	**20**	**25**

Literatur

Monografien, Sammelbände und wissenschaftliche Aufsätze

Abaza, Mona. *Changing Consumer Cultures of Modern Egypt: Cairo's Urban Reshaping*. Leiden (Brill), 2006.
Abu Saif, Atef. *The Drone Eats With Me: Diaries from a City under Fire*. Manchester (Comma Press), 2015a.
Abu Saif, Atef. *Frühstück mit der Drohne: Tagebuch aus Gaza*. Zürich (Unionsverlag), 2015b.
Alviso-Marino, Anahi. „The politics of street art in Yemen (2012–2017)". *Communication and the Public* 2, Nr. 2 (Juni 2017), 120–135. https://doi.org/10.1177/2057047317718204.
Amir-Moazami, Shirin. „Epistemologien der ‚muslimischen Frage' in Europa". In Shirin Amir-Moazami (Hg.). *Der Inspizierte Muslim: Zur Politisierung der Islamforschung in Europa*. Bielefeld (transcript), 2018a, 91–124.
Amir-Moazami, Schirin (Hg.). *Der inspizierte Muslim: Zur Politisierung der Islamforschung in Europa*. Bielefeld (transcript), 2018b.
Anidjar, Gil. „The Dignity of Weapons". *Law, Culture and the Humanities*, (December 2015), 1–11. https://doi.org/10.1177/1743872115623955.
Appadurai, Arjun. *Modernity at Large: Cultural Dimensions of Globalization*. Minneapolis (University of Minnesota Press), 1996.
Appadurai, Arjun. *The Future as Cultural Fact: Essays on the Global Condition*. London/New York (Verso), 2013.
Appadurai, Arjun. „Traumatic Exit, Identity Narratives, and the Ethics of Hospitality". *Television & New Media* 20, Nr. 6 (Juli 2019), 558–565. https://doi.org/10.1177/1527476419857678.
Armbrust, W. „History in Arab Media Studies: A Speculative Cultural History". In Tarik Sabry (Hg.). *Arab Cultural Studies: Mapping the Field*. London (I.B. Tauris), 2012, 32–54.
Asad, Talal. *On Suicide Bombing*. New York (Columbia University Press), 2007.
Asad, Talal. „Remarks on Allen Feldman's Archives of the Insensible". *Social Text*, 19.4.2017. https://socialtextjournal.org/periscope_article/remarks-on-allen-feldmans-archives-of-the-insensible/. Letzter Zugang: 24.4.2021.
Benjamin, Medea. *Drone Warfare: Killing by Remote Control*. London (Verso), 2013.
Benjamin, Medea. *Ḥarb aṭ-ṭā'irāt bidūn ṭayyār. al-qatl bi-t-taḥakkum 'an bu'd* („Der Drohnenkrieg. Töten aus der Ferne"). Doha (Muntadā li-l-'alāqāt al-'arabiyya wa-d-duwaliyya), 2014.
Bentzin, Anke, Jeanine Dagyeli, Ayfer Durdu, Kira Kosnick und Riem Spielhaus. *Islam auf Sendung: Islamische Fernsehsendungen im Offenen Kanal*. Berlin (Schriften des Ausländerbeauftragten), 2007.
Biermann, Kai und Thomas Wiegold. *Drohnen: Chancen und Gefahren einer neuen Technik*. Bonn (Bundeszentrale für Politische Bildung), 2015.
Bonnefoy, Laurent. *Yemen and the World: Beyond Insecurity*. London (Hurst), 2018.
Bothe, Michael. „Wegschauen verletzt das Recht auf Leben: Zum Drohnenurteil des OVG Münster". *VerfBlog*, 21.3.2019. https://verfassungsblog.de/wegschauen-verletzt-das-recht-auf-leben-zum-drohnenurteil-des-ovg-muenster/. Letzter Zugang: 30.12.2019.
Brant, George und Ayad Akhtar. *Grounded* („Die unsichtbare Hand/Am Boden", Deutsch von Henning Borchart). Bochum (Schauspielhaus), 2016.

Bratich, Jack. „Memes, Movements, and Meteorology: Occupy Wall Street and New Mutations in Culture Jamming". In Moritz Fink und Marilyn DeLaure (Hgg.). *Culture Jamming: Activism and the Art of Cultural Resistance*. New York (New York University Press), 2017, 321–346.

Bröckling, Ulrich. „Drohnen und Helden". In Achim Aurnhammer und Ulrich Bröckling (Hgg.). *Vom Weihegefäß zur Drohne: Kulturen des Heroischen und ihre Objekte*. Helden – Heroisierungen – Heroismen 4. Würzburg (Ergon Verlag), 2016, 291–301.

Bundesministerium der Verteidigung. „DrohnenDebatte 2020". *BMVg*, 5.5.2020. https://www.bmvg.de/de/debatte-bewaffnete-drohnen. Letzter Zugang: 14.12.2020.

Burgess, Jean. „From 'Broadcast Yourself' to 'Follow Your Interests': Making Over Social Media". *International Journal of Cultural Studies* 18, Nr. 30 (2015), 281–285. https://doi.org/10.1177/1367877913513684.

Chamayou, Grégoire. *Les chasses à l'homme: histoire et philosophie du pouvoir cynégétique*. Paris (Fabrique), 2010.

Chamayou, Grégoire. „La chasse à l'homme, une nouvelle doctrine de guerre". *Libération*, 3.5.2011a.

Chamayou, Grégoire. „The Manhunt Doctrine". *Radical Philosophy* 169, (September/Oktober 2011b), 1–6.

Chamayou, Grégoire. *Théorie du Drone*. Paris (Fabrique), 2013.

Chamayou, Grégoire. *A Theory of the Drone* (Übersetzt von Janet Lloyd). New York (The New Press), 2015.

Cody, Sebastian. „After Dark and the Future of Public Debate". *Westminster Institute for Advanced Studies*, 3.9.2017. https://wias.ac.uk/after-dark-and-the-future-of-public-debate/#_ftnref10. Letzter Zugang: 2.2.2020.

Crawford, George. *Manhunting: Reversing the Polarity of War*. Baltimore (America Star Books), 2008.

Dawson, Ashley. „Drone Executions, Urban Surveillance, and the Imperial Gaze". In Alex Lubin und Marwan Kraidy (Hgg.). *American Studies Encounters the Middle East*. Chapel Hill (University of North Carolina Press), 2016, 241–262.

Demmers, Jolle und Lauren Gould. „The Intimacies of Remote Warfare". *Contesting Governance*, 2020. https://www.uu.nl/en/research/contesting-governance/projects/the-intimacies-of-remote-warfare. Letzter Zugang: 1.4.2021.

Dery, Mark. „Culture Jamming: Hacking, Slashing, and Sniping in the Empire of Science". In Moritz Fink und Marilyn DeLaure (Hgg.). *Culture Jamming: Activism and the Art of Cultural Resistance*. New York (New York University Press), 2017, 53–76.

Dijck, Jose Van. *The Culture of Connectivity: A Critical History of Social Media*. Oxford (Oxford University Press), 2013.

Dyer, Sophie und Gabriela Ivens. „What Would a Feminist Open Source Investigation Look Like?" *Digital War* 1, (2020), 5–17. https://doi.org/10.1057/s42984-020-00008-9.

Eisenlohr, Patrick. *Sounding Islam: Voice, Media and Sonic Atmospheres in an Indian Ocean World*. Berkeley (University of California Press), 2018.

El-Hibri, Hatim. „Media Studies, the Spatial Turn, and the Middle East". *Middle East Journal of Culture and Communication* 10, Nr. 1 (Januar 2017), 24–48.

Esch, Johanna. „Internationale Internet-Governance: Das Internet als Herausforderung für etablierte Medienpolitik". *Aus Politik und Zeitgeschichte*, Heft 40/41 (2018), 35–40. https://www.bpb.de/apuz/276561/internationale-internet-governance-das-internet-als-herausforderung-fuer-etablierte-medienpolitik. Letzter Zugang: 1.4.2021.

Feroz, Emran. *Tod per Knopfdruck: Das wahre Ausmass des US-Drohnen-Terrors oder Wie Mord zum Alltag werden konnte.* Frankfurt a. M. (Westend), 2017.
Fink, Moritz und Marilyn DeLaure (Hgg.). *Culture Jamming: Activism and the Art of Cultural Resistance.* New York (New York University Press), 2017.
Franke, Ulrike. „U.S. Drones are from Mars, Euro Drones are from Venus". 2014. https://warontherocks.com/2014/05/u-s-drones-are-from-mars-euro-drones-are-from-venus/. Letzter Zugang: 20.12.2020.
Franke, Ulrike. *The Unmanned Revolution: How Drones are Revolutionising Warfare.* New College, Oxford (Dissertation), 2018. https://ora.ox.ac.uk/objects/uuid:ab40b722-2613-478a-912c-5b06307a3435. Letzter Zugang: 1.4.2021.
Franke, Ulrike und Sophie Scheidt. „Zur aktuellen Drohnendebatte: Überblick und Einschätzung bewaffneter Drohnen für Deutschland". *#GIDSstatement*, 4 (2020). https://gids-hamburg.de/zur-aktuellen-drohnendebatte-ueberblick-und-einschaetzung-bewaffneter-drohnen-fuer-deutschland/. Letzter Zugang: 21.6.2021.
Fuchs, Christian. *Social Media: A Critical Introduction.* Los Angeles (Sage), 2017.
Fuchs, Christian. *Marx heute: Eine Einführung in die kritische Theorie der Kommunikation, der Kultur, der digitalen Medien und des Internets.* Konstanz (UTB), 2020.
Fuchs, Christian und Felix Kurz. *Soziale Medien und Kritische Theorie: Eine Einführung.* München (UTB), 2019.
Gonzales-Quijano, Yves. 2014. „Technology Literacies of the New Media: Phrasing the World in the 'Arab Easy' (R)evolution". In Leila Hudson, Adel Iskandar und Mimi Kirk (Hgg.). *Media Evolution on the Eve of the Arab Spring.* New York (Palgrave Macmillan), 159–166.
Gräf, Bettina 2018. „From the Pocketbook to Facebook: Maktabat Wahba, Publishing, and Political Ideas in Cairo since the 1940s". In Bettina Gräf, Birgit Krawietz und Schirin Amir-Moazami (Hgg.). *Ways of Knowing Muslim Cultures and Societies: Studies in Honour of Gudrun Krämer.* Leiden (Brill), 221–245.
Gregory, Derek. „The Everywhere War". *The Geographical Journal* 177, Nr. 3 (2011), 238–250.
Günther, Christoph und Simone Pfeifer. *Jihadi Audiovisuality and Its Entanglements: Meanings, Aesthetics, Appropriations.* Edinburgh (Edinburgh University Press), 2020.
Gusterson, Hugh. *Drone: Remote Control Warfare.* Cambridge/Massachusetts (The MIT Press), 2016.
Hachmeister, Lutz, Justine Kenzler und Fabian Granzeuer. „Zum Zustand der Deutschen und Europäischen Medienpolitik". *Aus Politik und Zeitgeschichte*, Heft 40/41 (2018), 35–40. https://www.bpb.de/apuz/276549/zum-zustand-der-deutschen-und-europaeischen-medienpolitik. Letzter Zugang: 1.4.2021.
Hippler, Jochen. *Krieg im 21. Jahrhundert: Militärische Gewalt, Aufstandsbekämpfung und humanitäre Intervention.* Wien (Promedia Verlag), 2019.
Hirschkind, Charles. *The Ethical Soundscape: Cassette Sermons and Islamic Counterpublics.* New York (Columbia University Press), 2006.
Ibrahim, Yasmin. „9/11 as a new temporal phase for Islam". *Contemporary Islam* 1, Nr. 1 (2007), 37–51.
International Human Rights and Conflict Resolution Clinic at Stanford Law School and Global Justice Clinic at NYU School of Law. *Living under Drones: Death, Injury and Trauma to Civilians from US Drone Practices in Pakistan.* 2012. https://www-cdn.law.stanford.edu/wp-content/uploads/2015/07/Stanford-NYU-Living-Under-Drones.pdf. Letzter Zugang: 24.4.2021.

Jahangir, Asma. „Extrajudicial, Summary or Arbitrary Executions: Report of the Special Rapporteur, Asma Jahangir, Submitted Pursuant to Commission on Human Rights Resolution 2002/36". https://digitallibrary.un.org/record/487674/files/E_CN-4_2003_3-EN.pdf&usg=AOvVaw3Jlw8l-x3Ebv1fJk9bEwYn. Letzter Zugang: 1.4.2021.
Jungblut, Marc und Ieva Zakareviciute. „Do Pictures Tell a Different Story? A Multimodal Frame Analysis of the 2014 Israel-Gaza Conflict". *Journalism Practice* 13, Nr. 2 (Januar 2018), 206–228. https://doi.org/10.1080/17512786.2017.1412804.
Kermani, Navid. *Wer ist wir? Deutschland und seine Muslime*. München (C.H. Beck Verlag), 2009.
Klaidman, Daniel. *Kill or Capture: The War on Terror and the Soul of the Obama Presidency*. Boston (Mariner Books), 2012.
Kokoschka, Alina. *Waren, Welt, Islam: Konsumkultur und Warenästhetik in Syrien 2000–2011*. Berlin (Kulturverlag kadmos), 2019.
Kossow, Niklas und Ilyas Saliba. „The Myth of the Facebook Revolution". *Qantara.de*, 1.2.2017. https://en.qantara.de/content/social-media-and-the-arabellion-the-myth-of-the-facebook-revolution. Letzter Zugang: 2.3.2021.
Krishnan, Armin. *Killer Robots: Legality and Ethicality of Autonomous Weapons*. London (Taylor & Francis), 2009.
Krishnan, Armin. *Gezielte Tötung: Die Zukunft des Krieges*. Berlin (Matthes und Seitz), 2012.
Lévy, Jacques. „La mondialisation: un événement géographique". *L'information géographique* 71, Nr. 2 (2007), 6–31. https://www.cairn.info/revue-l-information-geographique-2007-2-page-6.htm. Letzter Zugang: 1.4.2021.
Lubin, Alex und Marwan Kraidy (Hgg.). *American Studies Encounters the Middle East*. Chapel Hill (University of North Carolina Press), 2016.
Marsiske, Hans-Arthur. „Fluchtpunkt Autonomie – Die Gretchenfrage der Robotik. Eine Einleitung". In Hans-Arthur Marsiske (Hg.). *Kriegsmaschinen: Roboter im Einsatz*. Hannover (Verlag Heinz Heise), 2012a, 1–6.
Marsiske, Hans-Arthur (Hg.). *Kriegsmaschinen: Roboter im Einsatz*. Hannover (Verlag Heinz Heise), 2012b.
Mas, Ruth. „On the Apocalyptic Tones of Islam in Secular Time". In Markus Dressler und Arvind-Pal S. Mandair (Hgg.). *Secularism and Religion-Making*. New York (Oxford University Press), 2011, 87–103.
Mas, Ruth. „Why Critique?" *Method and Theory in the Study of Religion* 24, (2012), 389–407.
Mas, Ruth. „The Time of Critique". In Jason Bahbak Mohaghegh und Lucian Stone (Hgg.). *Manifestos for World Thought*. Lanham (Rowman & Littlefield), 2017, 209–228.
Mas, Ruth. „The Refugee and the Dog". In Bettina Gräf, Birgit Krawietz und Schirin Amir-Moazami (Hgg.). *Ways of Knowing Muslim Cultures and Societies: Studies in Honour of Gudrun Krämer*. Leiden (Brill), 2018, 441–467.
Maurer, Kathrin. „Visual Power: The Scopic Regime of Military Drone Operations". *Media, War & Conflict* 10, Nr. 2 (2017), 141–151. https://doi.org/10.1177/1750635216636137.
Merrin, William und Andrew Hoskins. „Editorial: Finding War in the Present". *Digital War* 1, (2020). https://doi.org/10.1057/s42984-020-00027-6.
Negt, Oskar, und Alexander Kluge. *Öffentlichkeit und Erfahrung zur Organisationsanalyse von bürgerlicher und proletarischer Öffentlichkeit*. Frankfurt a. M. (edition suhrkamp) 1990.
Nohrstedt, Stg A. und Rune Ottosen. *New Wars, New Media and New War Journalism: Professional and Legal Challenges in Conflict Reporting*. Göteborg (Nordicom), 2014.

Osman, Wazhmah. „Jamming the Simulacrum: On Drones, Virtual Reality, and Real Wars". In Moritz Fink und Marilyn DeLaure (Hgg.). *Culture Jamming: Activism and the Art of Cultural Resistance*. New York (New York University Press), 2017, 347–362.

Parcell, Erin Sahlstein und Lynne M. Webb (Hgg.). *A Communication Perspective on the Military: Interactions, Messages, and Discourses*. New York (Peter Lang Publishing Inc.), 2015.

Pietrobruno, Sheenagh. „YouTube and Intangible Cultural Heritage: Disseminating Communication Expressions within a Commercial Platform". *Intangible Cultural Heritage and Digital Tools: Transmission, Participation, Issues*, (2016), 109–130.

Poya, Abbas und Maurus Reinkowski (Hgg.). *Das Unbehagen in der Islamwissenschaft: Ein klassisches Fach im Scheinwerferlicht der Politik und der Medien*. Bielefeld (transcript), 2008.

Puar, Jasbir K. *Terrorist Assemblages: Homonationalism in Queer Times*. Durham (Duke University Press), 2007.

Richter, Carola und Asiem El Difraoui (Hgg.). *Arabische Medien*. Konstanz (UVK Verlag), 2015.

Riopelle, Cameron und Parthiban Muniandy. „Drones, Maps and Crescents: CBS News' Visual Construction of the Middle East". *Media, War & Conflict* 6, Nr. 2 (August 2013), 153–172. https://doi.org/10.1177/1750635213481899.

Rohde, Achim. „Rekonfiguration einer Matrix: Islamisch-Theologische Studien, Islamwissenschaft und die ‚Anderen' der deutschen und europäischen Geschichte". *Jahrbuch für Antisemitismusforschung* 29, (2020), 258–284.

Salvatore, Armando. 2011. „Before (and After) the 'Arab Spring': From Connectedness to Mobilization in the Public Sphere". *Oriente Moderno*, Nuova serie 91: 5–12.

Sauer, Frank. „Im Gespräch". *Auslandsinformationen: Konrad-Adenauer-Stiftung*, Heft 3 (2019), 58–65.

Scahill, Jeremy. *Dirty Wars: The World Is a Battlefield*. New York (Hachette Book Group), 2013.

Scheutle, Rudolf 2017. „Allmächtiges Auge. Zu einigen kultur- und medienhistorischen Aspekten der Ausstellung." In Rudolf Scheutle und Sabine Adler (Hgg.). *Bilder der Überwachung, Reiz und Gefahr digitaler Selbstüberwachung/no secrets*. München (Münchner Stadtmuseum), S. 10–19.

Scheytt, Yolanda. „Ramstein: Deutschlands Mitverantwortung für völkerrechtswidrige Drohnenangriffe". *VerfBlog*, 8.1.2020. https://verfassungsblog.de/ramstein-deutschlands-mitverantwortung-fuer-voelkerrechtswidrige-drohnenangriffe/. Letzter Zugang: 20.2.2020.

Schielke, Samuli „هتتأخر على الـثورة: دفتر يوميات عالم أنثروبولوجيا شهد الـثورة" („You'll be late for the revolution!" An Anthropologist's Diary of the Egyptian Revolution, Transl. Amr Khairy). Kairo (Al-Nafisa), 2011.

Schneiders, Thorsten Gerald (Hg.). *Der Arabische Frühling: Hintergründe und Analysen*. Wiesbaden (Springer VS), 2013.

Sreberny, Anabelle. „The Analytic Challenges of Studying the Middle East and its Evolving Media Environment". *Middle East Journal of Culture and Communication* 1, (2008), 8–23.

Stahl, Roger. „What the Drone Saw: The Cultural Optics of the Unmanned War". *Australian Journal of International Affairs* 67, Nr. 5 (November 2013), 659–674.

Stahl, Roger. „Media and the Military: The Full Spectrum?" In Erin Sahlstein Parcell und Lynne M. Webb (Hgg.). *A Communication Perspective on the Military: Interactions, Messages, and Discourses*. New York (Peter Lang Publishing Inc.), 2015, 161–177.

Starski, Paulina. „So fern und doch so nah: Drohneneinsätze im Jemen im Visier der Grundrechte". *VerfBlog*, 16.6.2015. https://verfassungsblog.de/so-fern-und-doch-so-nah-drohneneinsaetze-im-jemen-im-visier-der-grundrech-te/. Letzter Zugang: 30.12.2019.

Steyerl, Hito. *Jenseits der Repräsentation/Beyond Representation: Essays 1999–2009*. Berlin (nbk), 2011.

Steyerl, Hito. *The Wrechted of the Screen*. Berlin (Sternberg Press), 2012.

Strutynski, Peter (Hg.). *Töten per Fernbedienung*. Wien (Promedia Verlag), 2013.

Stubblefield, Thomas. „In Pursuit of Other Networks: Drone Art and Accelerationist Aesthetics". In Lisa Parks und Caren Kaplan (Hgg.). *Life in the Age of Drone Warfare*. Durham, London (Duke University Press), 2017, 195–219.

Tinnes, Judith. „Bibliography Terrorism and Media (Including the Internet) (Part II)". *Perspectives on Terrorism* 8, Nr. 6 (2014), 82–113.

Turse, Nick. *The Changing Face of Empire: Special Ops, Drones, Spies, Proxy Fighters, Secret Bases, and Cyberwarfare*. Chicago, IL (Haymarket Books), 2012.

Verschueren, Paul. *Picturing Afghanistan: The Photography of Foreign Conflict*. New York (Hampton Press Inc.), 2012.

Vora, Neha, Ahmed Kanna und Amélie Le Renard. „Space, Mobility, and Shifting Identities in the Constitution of the 'Field'". In Ahmed Kanna, Amélie Le Renard und Neha Vora (Hgg.). *Beyond Exception: New Interpretations of the Arabian Peninsula*. Ithaca (Cornell University Press), 2020, 26–54.

Weber, Jutta. „Vorratsbomben im Himmel". In Hans-Arthur Marsiske (Hg.). *Kriegsmaschinen: Roboter im Einsatz*. Hannover (Verlag Heinz Heise), 2012, 31–54.

Weber, Jutta. „Jutta Weber". In Berg, Sibylle (Hg.). *Nerds retten die Welt: Gespräche mit denen, die es wissen*. Köln (Kiepenheuer & Witsch), 2020, 275–292.

Weidner, Stefan. *Aufbruch in die Vernunft: Islamdebatten und islamische Welt zwischen 9/11 und den arabischen Revolutionen*. Bonn (J.H.W. Dietz), 2011.

Weidner, Stefan. *Ground Zero. 9/11 und die Geburt der Gegenwart*. Hanser, 2021.

Wiedemann, Dieter und Jürgen Lauffer (Hg.). *Die medialisierte Gesellschaft: Beiträge zur Rolle der Medien in der Demokratie*. Bielefeld (GMK), 2003.

Zahren, Sabrina. „Saudische YouTube-Influencer und globaler Konsens". In Lale Behzadi, Peter Konerding und Felix Wiedemann (Hgg.). *Popular Culture in Modern Arabic Art, Music and Literature*. Bamberg (University of Bamberg Press), im Druck.

Zakareviciute, Ieva. „#Review: Shooting a Revolution". *Allegralab: Anthropology for Radical Optimism*, 28.10.2019. https://allegralaboratory.net/review-shooting-a-revolution/. Letzter Zugang: 1.4.2021.

Zenko, Micah. *Between Threats and War: U.S. Discrete Military Operations in the Post-Cold War World*. Stanford (Stanford Security Studies), 2010.

Zeitungsartikel, Sachbeiträge und Materialsammlungen

Abé, Nicola. „USA: Träume in Infrarot". *Der Spiegel*, 50/2012, 10.12.2012. http://www.spiegel.de/spiegel/print/d-90048993.html. Letzter Zugang: 19.3.2021.

Abé, Nicola. „Dreams in Infrared. The Woes of an American Drone Operator". *Spiegel International*, 14.12.2012. https://www.spiegel.de/international/world/pain-continues-after-war-for-american-drone-pilot-a-872726.html. Letzter Zugang: 14.12.2020.

Bittner, Jochen und Josef Joffe. „Ist es richtig, Terroristen mit Drohnen zu töten?" *Die Zeit*, 41/2011, 6.10.2011.
Bojanowski, Axel et al. „Die Schwarzen getroffen?" *Spiegel Online*, 24.5.2019. https://www.spiegel.de/politik/deutschland/rezo-video-die-youtube-angriffe-aufdie-cdu-im-spiegel-faktencheck-a-1268973.html. Letzter Zugang: 4.1.2020.
Bacia, Horst. „Drohnenangriffe: Und die Piloten sitzen in Langley". *FAZ.net*, 12.10.2010. https://www.faz.net/1.1055411. Letzter Zugang: 1.4.2021.
Bartsch, Matthias et al. „Der Krieg via Ramstein". *Der Spiegel,* 18.4.2015. https://www.spiegel.de/spiegel/print/d-134104206.html. Letzter Zugang: 1.4.2021.
Beckedahl, Markus. „Rezo hat ein kleines Meisterwerk geschaffen". *Netzpolitik.org*, 13.11.2019. https://netzpolitik.org/2019/rezo-hat-ein-kleines-meisterwerk-geschaffen/. Letzter Zugang: 28.2.2020.
Bernau, Patrick et al. „Das Rezo-Video im Faktencheck". *FAZ.net*, 23.5.2019. https://www.faz.net/-gpf-9na0b. Letzter Zugang: 4.1.2020.
Biermann, Kai. „Wie die Regierung Parlament und Bürger täuscht". *Zeit Online*, 26.4.2015. https://www.zeit.de/politik/deutschland/2015-04/drohnen-krieg-ramstein-toetung-bundesregierung/komplettansicht. Letzter Zugang: 21.6.2021.
Biselli, Anna. „Live-Blog aus dem Geheimdienst-Untersuchungsausschuss: ‚Drohnenpiloten sind Menschenjäger'". *Netzpolitik.org*, 15.10.2015. https://netzpolitik.org/2015/live-blog-aus-dem-geheimdienst-untersuchungsausschuss-brandon-bryant-frau-k-und-renate-leistner-rocca/. Letzter Zugang: 20.2.2020.
Boone, Jon. „Pakistan Drone Attack Love Song Racks up YouTube Hits". *The Guardian*, 19.9.2012. https://www.theguardian.com/world/2012/sep/19/pakistan-drone-love-song. Letzter Zugang: 4.1.2020.
Boone, Jon. „Pakistan is not Co-operating with US over Drones, Ministry Insists". *The Guardian*, 28.9.2012. https://www.theguardian.com/world/2012/sep/28/pakistan-military-drones-america. Letzter Zugang: 4.1.2020.
Boone, Jon. „Pakistan Court Says Former CIA Station Chief Will Face Charges over Drone Strike". *The Guardian*, 7.4.2015. https://www.theguardian.com/world/2015/apr/07/former-cia-station-chief-pakistan-murder-charges-drone-strike. Letzter Zugang: 4.1.2020.
Bridle, James. „Drone Shadow 004". 2013, https://jamesbridle.com/works/drone-shadow-004. Letzter Zugang: 24.4.2021.
Brownsword, Samuel. „Drones in the Sahel: In Whose Interest?" *dronewars.net*, 25.8.2020. https://dronewars.net/author/dwuksamuelb/. Letzter Zugang: 1.4.2021.
Brühl, Jannis. „US–Krieg darf über Deutschland laufen". *Süddeutsche Zeitung*, 27.5.2015.
Buchsteiner, Jochen. „‚Zivile Opfer': Tote bei Drohnenangriff in Pakistan". *FAZ.net*, 6.6. 2011. https://www.faz.net/1.655659. Letzter Zugang: 1.4.2021.
CDU. „Offene Antwort an Rezo: Wie wir die Sache sehen". 23.5.2019. https://www.cdu.de/artikel/offene-antwort-rezo-wie-wir-die-sache-sehen. Letzter Zugang: 2.2.2020.
Cole, Chris. „We Need a Debate on Drone Killings – Whether They Should Be Happening at all". *The Guardian*, 11.5.2016. https://www.theguardian.com/commentisfree/2016/may/11/debate-drone-killings-military-conflict-committee. Letzter Zugang: 1.4.2020.
Dernbach, Andrea. „Die meisten Toten sind unschuldige Zivilsten". *Der Tagesspiegel*, 16.10.2015. https://www.tagesspiegel.de/politik/leak-zu-us-drohnenkrieg-die-meisten-toten-sind-unschuldige-zivilsten/12460084.html. Letzter Zugang: 2.2.2020.

Drones Team. „Yemen: Reported US Covert Actions 2001–2011". *The Bureau of Investigative Journalism* (*TBIJ*), 2011. https://www.thebureauinvestigates.com/drone-war/data/yemen-reported-us-covert-actions-2001-2011. Letzter Zugang: 30.12.2019.

Drucksache des Bundestags 18/11023, 25.1.2017. https://dipbt.bundestag.de/dip21/btd/18/110/1811023.pdf. Letzter Zugang: 20.2.2020.

El Ouassil, Samira. „Kramp-Karrenbauer, Youtube und die Zerstörung der alten Welt". *Übermedien*, 28.5.2019. https://uebermedien.de/38684/kramp-karrenbauer-youtube-und-die-zerstoerung-der-alten-welt/. Letzter Zugang: 20.3.2020.

Ellersiek, Helke. „Deutschland darf untätig bleiben". *taz*, 27.5.2015. https://taz.de/US-Drohnenangriffe-im-Jemen/!5201243/. Letzter Zugang: 1.4.2021.

Emcke, Carolin. „Vom Töten". *Süddeutsche Zeitung*, 23.5.2015.

Encke, Julia und Herfried Münkler. „Die gemeine Waffe". *FAZ.net*, 13.4.2015. https://www.faz.net/aktuell/feuilleton/die-gemeine-waffe-ein-gespraech-mit-herfried-muenkler-ueber-die-entwicklung-der-kriegstechnik-13533124.html?printPagedArticle=true#pageIndex_2. Letzter Zugang: 1.4.2021.

Fischer, Bob. „Die Niederlande haben vier MQ-9 Reaper bestellt". *Aerobuzz.de*, 19.7.2018. https://aerobuzz.de/militar-news/die-niederlande-haben-vier-mq-9-reaper-bestellt/. Letzter Zugang: 1.4.2021.

Gerstenberg, Ralph. „Atef Abu Saif: ‚Frühstück mit der Drohne': Sirren der Kampfdrohnen während des Gaza-Kriegs". *Deutschlandfunk*, 25.4.2016. http://www.deutschlandfunk.de/atef-abu-seif-fruehstueck-mit-der-drohne-sirren-der.700.de.html?dram:article_id=352363. Letzter Zugang: 24.3.2020.

Goetz, John et al. „Drohnentod aus Deutschland". *Süddeutsche Zeitung*, 28.11.2013. https://www.sueddeutsche.de/politik/angriffe-in-afrika-drohnentod-aus-deutschland-1.1829921. Letzter Zugang: 24.3.2020.

Gutschker, Thomas und Marco Seliger. „Drohne Euro Hawk: Koloss im Blindflug". *FAZ.net*, 19.5.2013. https://www.faz.net/1.2187500. Letzter Zugang: 1.4.2021.

Gutschker, Thomas. „Eine Drohne für Europa". *FAZ.net*, 26.6.2014. https://www.faz.net/aktuell/politik/projekt-von-berlin-paris-und-rom-eine-drohne-fuer-europa-13015880.html. Letzter Zugang: 1.4.2021.

Gutschker, Thomas. „Verteidigungspolitik: Ursula bezwingt die Killerdrohne". *FAZ.net*, 6.7.2014. https://www.faz.net/1.3029556. Letzter Zugang: 1.4.2021.

Hajjar, Lisa. „A Meditation on the Importance of the Perpetrator-Centered Perspective to Theorizing about Justice". *Jadaliyya*, 10.10.2010. https://www.jadaliyya.com/Details/23544/A-Meditation-on-the-Importance-of-the-Perpetrator-Centered-Perspective-to-Theorizing-about-Justice. Letzter Zugang: 1.4.2021.

Hajjar, Lisa. „Lawfare and Armed Conflict: Comparing Israeli and US Targeted Killing Policies and Challenges against Them". *Jadaliyya*, 8.2.2013. https://www.jadaliyya.com/Details/28014/Lawfare-and-Armed-Conflict-Comparing-Israeli-and-US-Targeted-Killing-Policies-and-Challenges-against-Them. Letzter Zugang: 1.4.2021.

Hegmann, Gerhard. „Iran-Konflikt: ‚Königin der Killerdrohnen' tötete General Soleimani". *Die Welt*, 3.1.2020. https://www.welt.de/wirtschaft/article204744082/Iran-Konflikt-Koenigin-der-Killerdrohnen-toetete-General-Soleimani.html. Letzter Zugang: 1.4.2021.

Henn, Reiner. „Theatertage: Podiumsdiskussion zur Aufführung ‚Ramstein Airbase: Game of Drones'". *Die Rheinlandpfalz*, 20.3.2020. https://www.rheinpfalz.de/lokal/kreis-kaiserslautern_artikel,-theatertage-podiumsdiskussion-zur-auff%C3%BChrung-ramstein-airbase-game-of-drones-_arid,5041239.html?reduced=true. Letzter Zugang: 21.6.2021.

Hersh, Seymour M. „Manhunt". *The New Yorker*, 16.12.2002. https://www.newyorker.com/magazine/2002/12/23/manhunt. Letzter Zugang: 30.12.2019.

Höhne, Valerie. „Hilfe! Neuland". *Spiegel Online*, 23.5.2019. https://www.spiegel.de/politik/deutschland/rezo-video-ueber-cdu-maximaleverunsicherung-a-1268946.html. Letzter Zugang: 2.1.2020.

Horowitz, Michael C, Joshua A. Schwartz und Matthew Fuhrmann. „Game of Drones". *Internationale Politik und Gesellschaft*, 14.12.2020. https://www.ipg-journal.de/rubriken/aussen-und-sicherheitspolitik/artikel/game-of-drones-4864/?utm_campaign=de_40_20201215&utm_medium=email&utm_source=newsletter. Letzter Zugang: 1.4.2021.

Johnston, David und David E. Sanger. „Threat and Responses: Hunt for Suspects". *New York Times*, 6.11.2002. https://www.nytimes.com/2002/11/06/world/threats-responses-hunt-for-suspects-fatal-strike-yemen-was-based-rules-set-bush.html. Letzter Zugang: 1.4.2021.

Knight, Ben. „A Guide to Military Drones". *Deutsche Welle*, 30.6.2017. https://www.dw.com/en/a-guide-to-military-drones/a-39441185. Letzter Zugang: 20.12.2020.

Kögler, Konrad. „Game of Drones". *Das Kulturblog*, 19.6.2016. https://daskulturblog.com/2016/06/19/ramstein-airbase-game-of-drones-mainzer-theaterabend-zwischen-popkultur-und-waziristan/. Letzter Zugang: 21.6.2021.

Kohn, Sally. „Hell from Above: Drone Strikes are Creating Hatred towards America that Will Last for Generations". *Quarz*, 9.12.2015. https://qz.com/569779/drone-strikes-are-creating-hatred-towards-america-that-will-last-for-generations/. Letzter Zugang: 2.1.2020.

Kurz, Constanze. „Wir können uns nicht herausreden". *FAZ.net*, 20.10.2015. https://www.faz.net/aktuell/feuilleton/aus-dem-maschinenraum/deutschlands-rolle-als-mittaeter-im-drohnenkrieg-der-usa-13863274.html. Letzter Zugang: 1.4.2021.

Leyendecker, Hans. „Todesschlag aus Ramstein". *Süddeutsche Zeitung*, 16.10.2014. https://www.sueddeutsche.de/politik/klage-gegen-bundesregierung-todesschlag-aus-ramstein-1.2174769. Letzter Zugang: 1.4.2021.

Luther, Carsten. „Ohne Ramstein keine Drohnenangriffe". *Zeit Online*, 27.5.2015. https://www.zeit.de/politik/ausland/2015-05/drohnenkrieg-ramstein-jemen-opfer-klage. Letzter Zugang: 1.4.2021.

Markwardt, Nils. „Überwachen und Vernichten". *Zeit Online*, 27.10.2014. https://www.zeit.de/kultur/2014-10/drohnen-moral-ethik. Letzter Zugang: 18.12.2020.

Mayer, Jane. „The Predator War". *The New Yorker*, 19.10.2009. https://www.newyorker.com/magazine/2009/10/26/the-predator-war. Letzter Zugang: 30.12.2019.

Mazetti, Mark und Robert F. Worth. „Yemen Deaths Test Claims of New Drone Policy". *New York Times*, 21.12.2013. https://www.nytimes.com/2013/12/21/world/middleeast/yemen-deaths-raise-questions-on-new-drone-policy.html. Letzter Zugang: 1.4.2021.

Murad Subay. 2014. https://muradsubay.com/campaigns/12-hours/ und https://muradsubay.com/?s=drone. Letzter Zugang: 30.12.2020.

o.A. „213 – Cow Days". *Planearium* (*South Park* Fanseite), 30.9.1998. https://www.planearium.de/213.php. Letzter Zugang: 1.4.2021.

o.A. „Luftangriff schürt antiamerikanische Stimmung". *FAZ.net*, 15.1.2006. https://www.faz.net/1.306723. Letzter Zugang: 1.4.2021.

o.A. „Ṭā'irāt bidūn ṭayyār.. mustaqbal al-ḥurūb" (Unbemannte Flugzeuge.. Zukunft des Krieges). *Al Jazeera*, 1.10.2011. http://www.aljazeera.net/home/Getpage/f6451603-4dff-4ca1-9c10-122741d17432/44a7c369-7c52-40bb-ace5-cf31f353f89f. Letzter Zugang: 13.3.2020.

o.A. „15 Tote bei Drohnenangriff auf Fahrzeugkonvoi". *Die Welt*, 13.12.2013. https://www.welt.de/politik/ausland/article122884542/15-Tote-bei-Drohnenangriff-auf-Fahrzeugkonvoi.html. Letzter Zugang: 13.3.2020.

o.A. „The Drone Papers". *The Intercept*, 2015. https://theintercept.com/drone-papers/. Letzter Zugang: 2.2.2020.

o.A. „Drei Jemeniten versus Deutschland und die USA". *ECCHR*, 22.5.2015. https://www.ecchr.eu/fileadmin/Q_As/QA_Drohnen_Jemen_dt.pdf. Letzter Zugang: 2.2.2020.

o.A. „Germany's Ramstein Airbase 'Heart' of US Drone Program". *Deutsche Welle*, 18.4.2015. https://www.dw.com/en/germanys-ramstein-airbase-heart-of-us-drone-program/a-18391007. Letzter Zugang: 2.2.2020.

o.A. „Drohnen-Klage gegen Deutschland scheitert". *Deutsche Welle*, 27.5.2015. https://p.dw.com/p/1FXBk. Letzter Zugang: 1.4.2021.

o.A. „US Publishes its 'Playbook' for Military Drones". *Deutsche Welle*, 9.8.2016. https://www.dw.com/en/us-publishes-its-playbook-for-military-drones/a-19461412. Letzter Zugang: 20.2.2020.

o.A. „US Federal Court Tosses out Lawsuit over Yemeni Men Killed in Drone Strike". *The Guardian*, 30.6.2017. https://www.theguardian.com/world/2017/jun/30/yemen-us-drone-strike-lawsuit. Letzter Zugang: 1.4.2021.

o.A. „Merkel und die Generation YouTube". *Der Tagesspiegel*, 16.8.2017. https://www.tagesspiegel.de/politik/kanzlerin-im-live-interview-merkel-und-die-generation-youtube/20194856.html. Letzter Zugang: 20.2.2020.

o.A. „Die Zerstörung der CDU". *Wikipedia*, 2019. https://de.wikipedia.org/wiki/Die_Zerst%C3%B6rung_der_CDU#Medien. Letzter Zugang: 2.1.2020.

o.A. „Trump Ends Requirement that CIA Report Civilian Deaths from Drone Strikes". *Dawn*, 7.3.2019. Letzter Zugang: 1.4.2021.

o.A. „Trump hält die Zahl der Drohnentoten geheim". *Deutsche Welle*, 7.3.2019. https://www.dw.com/de/trump-h%C3%A4lt-die-zahl-der-drohnentoten-geheim/a-47805344. Letzter Zugang: 20.2.2020.

o.A. „Donald Trump schränkt Transparenz zu Drohnenangriffen ein". *Zeit Online*, 7.3.2019. https://www.zeit.de/politik/ausland/2019-03/weisses-haus-donald-trump-drohnenangriffe-cia?utm_referrer=https%3A%2F%2Fstartpage.com%2F. Letzter Zugang: 1.4.2021.

o.A. „Berlin muss bei US-Drohnenkrieg genau hinsehen". *Deutsche Welle*, 19.3.2019. https://www.dw.com/de/berlin-muss-bei-us-drohnenkrieg-genau-hinsehen/a-47974850. Letzter Zugang: 1.4.2021.

o.A. „Deutschland muss Drohneneinsätze von US-Air-Base Ramstein prüfen". *Zeit Online*, 19.3.2019. https://www.zeit.de/gesellschaft/2019-03/us-drohnenkrieg-ovg-muenster-klage-bundesrepublik Letzter Zugang: 21.6.2021.

o.A. „CDU will Video Antwort auf Youtuber Rezo nicht veröffentlichen". *FAZ.net*, 23.5.2019. https://www.faz.net/-gpg-9n9rc. Letzter Zugang: 2.1.2020.

o.A. „Hat Rezo recht? Der Faktencheck zum Anti-CDU-Video". *Focus*, 23.5.2019. https://www.focus.de/politik/deutschland/zerstoerung-der-cdu-hat-rezo-recht-der-faktencheck-zum-anti-cdu-video_id_10751405.html. Letzter Zugang: 4.1.2020.

o.A. „Saudi Arabien. Zwei Drohnen aus dem Jemen abgeschossen". *Hürriyet.de*, 30.6.2019. https://www.hurriyet.de/news_zwei-drohnen-aus-dem-jemen-abgeschossen_143519815.html. Letzter Zugang: 7.7.2020.

o.A. „Drone (military)" *The Guardian* (Website-Recherche). o.D.. https://www.theguardian.com/world/drones?page=52. Letzter Zugang: 7.4.2020.

o.A. *Airwars/al-Ḥurūb al-ǧawwiyya*. o.D. https://airwars.org/about//. Letzter Zugang: 14.12.2020.

o.A. „Drone Warfare". *TBIJ*. o.D. https://www.thebureauinvestigates.com/projects/drone-war. Letzter Zugang: 14.12.2020.

o.A. „Abdullah, Khaled" (Fotograf). *Reuters*. o.D. https://widerimage.reuters.com/photographer/khaled-abdullah. Letzter Zugang: 5.5.2021.

o.A. „Arhab, Yahya" (Fotograf). *European Press Agency*. o.D. https://www.epa.eu/photographers/yahya-arhab. Letzter Zugang: 5.5.2021.

o.A. *Drone Wars UK*. o.D. https://dronewars.net/aboutdrone/. Letzter Zugang: 14.12.2020.

o.A. „Huwais, Mohammed" (Fotograf). *Agence France Presse*. o.D. https://making-of.afp.com/mohammed-huwais. Letzter Zugang: 5.5.2021.

Pengelly, Martin. „Judge Orders Chelsea Manning's Release from Jail in Virginia". *The Guardian*, 12.3.2020. https://www.theguardian.com/us-news/2020/mar/12/chelsea-manning-jail-release-virginia. Letzter Zugang: 27.12.2020.

Pickert, Bernd. „Wir sind Komplizen". *taz*, 26.5.2015. https://taz.de/Kommentar-Ramstein-Klage/!5200961/?goMobile2=1559520000069. Letzter Zugang: 1.4.2021.

Pöhle, Sven. „Berlin powerless to challenge US drone operations at Ramstein air base". *Deutsche Welle*, 5.4.2014. https://www.dw.com/en/berlin-powerless-to-challenge-us-drone-operations-at-ramstein-air-base/a-17545327. Letzter Zugang: 1.4.2021.

Pramstaller, Christopher. „Drohnen. Legitime Kriegsführung oder willkürliches Töten?" *Zeit Online*, 22.10.2013. https://www.zeit.de/politik/ausland/2013-10/Drohnen-Moral-Voelkerrecht. Letzter Zugang: 13.3.2020.

Prantl, Heribert. „Ramstein tötet". *Süddeutsche Zeitung*, 23.3.2019.

Press, Eyal. „The Wounds of the Drone Warrior". *New York Times Magazine*, 13.6.2018. https://www.nytimes.com/2018/06/13/magazine/veterans-ptsd-drone-warrior-wounds.html. Letzter Zugang: 1.4.2021.

Rahmstorf, Stefan. „Das Rezo-Video im Faktencheck". *Spektrum.de*, 24.5.2019. https://scilogs.spektrum.de/klimalounge/das-rezo-video-im-faktencheck/. Letzter Zugang: 1.4.2021.

Rehman, Rafeequl. „My Mother Was the Victim of a U.S. Drone". *Time Magazine*, 26.7.2016. http://time.com/4422469/u-s-dronestrikes/. Letzter Zugang: 1.4.2021.

Renner, Vanessa. „Ein Schlachtfeld. Jan-Christoph Gockel: Ramstein Airbase: Game of Drones". *Die Deutsche Bühne*, 29.11.2015. https://www.die-deutsche-buehne.de/kritiken/ein-schlachtfeld. Letzter Zugang: 21.6.2021.

Rezo. „Faktenchecks". *Twitter*, 29.5.2019. https://twitter.com/rezomusik/status/1133772854451986432?lang=en. Letzter Zugang: 4.1.2020.

Rezo. „Kopieren ist kein Journalismus". *Der Spiegel* 23/2019, 1.6.2019. https://www.spiegel.de/politik/kopieren-ist-kein-journalismus-a-728f6a76-0002-0001-0000-000165702157. Letzter Zugang: 1.4.2021.

Rezo. „Die CDU hat mich nicht verklagt". *Zeit Online*, 5.11.2019. https://www.zeit.de/kultur/2019-11/meinungsfreiheit-rechtsextremismus-afd-medien-verantwortung. Letzter Zugang: 1.4.2021.

Rezo. „,OK, Boomer' ist okay, Boomer!". *Zeit Online*, 20.11.2019. https://www.zeit.de/kultur/2019-11/generationenkonflikt-ok-boomer-millenials-babyboomer-rezo. Letzter Zugang: 4.1.2020.

Rezo. „Horst Seehofer ist kein drolliges Kleinkind". *Zeit Online*, 24.11.2019. https://www.zeit.de/kultur/2019-10/gamer-debatte-gaming-horst-seehofer-rezo. Letzter Zugang: 1.4.2021.

Rezo. „Was soll ich in einer Partei?" *Zeit Online*, 3.12.2019. https://www.zeit.de/kultur/2019-12/demokratie-jugendliche-parteizugehoerigkeit-engagement-rezo. Letzter Zugang: 1.4.2021.

Rezo. „Traue dich, o Christenheit!". *Zeit Online*, 19.12.2019. https://www.zeit.de/kultur/2019-12/klimawandel-kirche-klimaschutz-positionierung-bischofskonferenz-rezo/seite-2. Letzter Zugang: 4.1.2020.

Rezo. „Entschuldigung, seit wann siezen wir uns?" *Zeit Online*, 28.1.2020. https://www.zeit.de/kultur/2020-01/soziale-medien-hoeflichkeit-anrede-twitter-saskia-esken-rezo. Letzter Zugang: 30.12.2020.

Rosenthal, Daniel J. und Loren DeJonge Schulman. „Trump's Secret War on Terror". *The Atlantic*, 10.8.2018. https://www.theatlantic.com/international/archive/2018/08/trump-war-terror-drones/567218/. Letzter Zugang: 1.4.2021.

Ross, Alice. „Drones May Predate Obama, but his Resolute Use of them is Unmatched". *The Guardian*, 18.11.2015. https://www.theguardian.com/world/2015/nov/18/us-military-drones-obama-afghanistan-yemen-isis. Letzter Zugang: 1.4.2021.

Rüb, Matthias. „Terrorismus: Amerika plant Drohnenkrieg gegen Qaida im Jemen". *FAZ.net*, 25.8.2010. https://www.faz.net/1.1023443. Letzter Zugang: 1.4.2021.

Rüb, Matthias. „Studie zu Drohnenangriffen: Terror gegen Zivilisten". *FAZ.net*, 25.9.2012. https://www.faz.net/1.1903384. Letzter Zugang: 1.4.2021.

S. Fischer Theater-Medien. „George Brant". o.D. https://www.fischer-theater.de/theater/autor/george-brant/t4215743. Letzter Zugang: 4.12.2020.

Sanger, David. „Obama Outlines a Vision of Might and Right". *New York Times*, 11.12.2009. https://www.nytimes.com/2009/12/12/world/12sanger.html?searchResultPosition=. Letzter Zugang: 30.12.2019.

Sauer, Frank. „Drohnenkrieg: An der Schwelle einer neuen Drohnenökonomie". *FAZ.net*, 18.8.2013. https://www.faz.net/1.2537028. Letzter Zugang: 1.4.2021.

Scahill, Jeremy. „The Dangerous US Game in Yemen". *The Nation*, 30.3.2011. https://www.thenation.com/article/archive/dangerous-us-game-yemen/. Letzter Zugang: 20.3.2020.

Schlagnitweit, Lilly. „Rezos Real Talk". *taz*, 21.5.2019. https://taz.de/!5597282/. Letzter Zugang: 2.1.2020.

Schmitt, Eric. „U.S. Commando Killed in Yemen in Trump's First Counterterrorism Operation". *New York Times*, 29. Januar 2017. https://www.nytimes.com/2017/01/29/world/middleeast/american-commando-killed-in-yemen-in-trumps-first-counterterror-operation.html. Letzter Zugang: 2.1.2020.

Schrader, Hannes. „Auch Rezo ist das Volk". *Zeit Online*, 22.5.2020. https://www.zeit.de/campus/2019-05/youtuber-rezo-kritik-zerstoerung-der-cdu-amthor. Letzter Zugang: 21.6.2021.

Schulte von Drach, Markus. „Bedrohliche Augen am Himmel". *Süddeutsche Zeitung*. 2.7.2014. https://www.sueddeutsche.de/politik/drohnen-bedrohliche-augen-am-himmel-1.2024238. Letzter Zugang: 1.4.2021.

Schulze von Glaßer, Michael. „Porträt - Operation Öffentlichkeit". *Der Freitag*, 16.10.2015. https://www.freitag.de/autoren/michael-schulze-von-glasser/operation-oeffentlichkeit. Letzter Zugang: 20.2.2020.

Schütz, Simon. „Rezo-Rumms für die CDU". *Bild*, 24.5.2019. https://www.bild.de/politik/inland/politik-inland/rezo-video-jetzt-7-mio-klicks-nach-dem-cdu-kommunikations-desaster-62145060.bild.html. Letzter Zugang: 20.2.2020.

Schwägerl, Christian. „Gläserne Bienen". *FAZ.net*, 15.12.2003a. https://www.faz.net/1.130413. Letzter Zugang: 1.4.2021.

Schwägerl, Christian. „Volle Drohnung". *FAZ.net*, 15.12.2003b, https://www.faz.net/1.128883. Letzter Zugang: 1.4.2021.

Seibert, Thomas. „Drohnen als Waffe – billig und effektiv". *Der Tagesspiegel*, 19.6.2019. https://www.tagesspiegel.de/politik/moderne-kriegsfuehrung-drohnen-als-waffe-billig-und-effektiv/25021586.html. Letzter Zugang: 1.4.2021.

Seitz, Josef. „TV-Kolumne ‚Hart aber fair'. Wieder Patzer nach Rezo-Debakel: Hilflos: AKK wünscht sich Regeln gegen YouTuber". *Focus*, 28.5.2019. https://www.focus.de/kultur/kino_tv/focus-fernsehclub/tv-kolumne-hart-aber-fair-plasberg-laestert-ueber-akk-das-klingt-so-20-minuten-vor-orban_id_10765913.html. Letzter Zugang: 2.2.2020.

Sifton, John. „A Brief History of Drones". *The Nation*, 7.2.2012. https://www.thenation.com/article/archive/brief-history-drones/. Letzter Zugang: 30.12.2019.

Skowronek, Max. „Jemeniten scheitern mit Klage wegen bewaffneter US-Drohneneinsätze". *Zeit Online*, 26.11.2020. https://www.zeit.de/politik/deutschland/2020-11/urteil-bundesverwaltungsgericht-leipzig-klage-jemen-us-drohnen-einsatz-ramstein-deutschland. Letzter Zugang: 22.12.2020.

Sterman, David, Peter Bergen und Melissa Salyk-Virk. „Terrorism in America 19 Years After 9/11". *New America*, 11.9.2020. https://www.newamerica.org/international-security/reports/terrorism-america-19-years-after-911/. Letzter Zugang: 21.6.2021.

Thiel, Thomas. „Armin Krishnan: Gezielte Tötung: Als Nächstes könnten Regimekritiker ins Visier geraten". *FAZ.net*, 1.2.2013. http://www.faz.net/1.2039542. Letzter Zugang: 1.4.2021.

Tholl, Max. „Jede Politik kriegt das jugendliche Großmaul, das sie verdient". *Der Tagesspiegel*, 24.5.2019. https://www.tagesspiegel.de/kultur/youtuber-rezo-jede-politik-kriegt-das-jugendliche-grossmaul-das-sie-verdient/24380106.html. Letzter Zugang: 13.3.2020.

Thomsen, Christian. „Rezo zitiert sauberer als so mancher Bundesminister". *Der Tagesspiegel*, 26.5.2019. https://www.tagesspiegel.de/wissen/tu-praesident-unterstuetzt-video-des-youtubers-rezo-zitiert-sauberer-als-so-mancher-bundesminister/24383156.html. Letzter Zugang: 20.2.2020.

Turse, Nick. „The Forty-Year Drone War". 24.1.2010. https://www.tomdispatch.com/blog/175195/tomgram%3A_nick_turse%2C_the_forty_year_drone_war_. Letzter Zugang: 2.2.2020.

von Schirach, Ferdinand. „Die Würde ist antastbar". *Der Spiegel*, 38/2013, 16.9.2013.

Wissenschaftliche Dienste Deutscher Bundestag. „Sachstand. Der Einsatz von bewaffneten Drohnen weltweit". WD 2 – 3000 – 064/20, 2.10.2020. https://www.bundestag.de/resource/blob/814842/3bd8996607eb21fd3eed2408cd6a2384/WD-2-064-20-pdf-data.pdf. Letzter Zugang: 1.4.2021.

Wolfgang, Ben. „Donald Trump Outpacing Barack Obama in Drone Strikes; 80 in First Year: Report". *The Washington Times*, 7.6.2018. https://www.washingtontimes.com/news/2018/jun/7/donald-trump-outpacing-barack-obama-drone-strikes-/. Letzter Zugang: 1.4.2021.

Audio- und Video-Formate

Amend, Christoph und Jochen Wegener. „Rezo, warum willst du Bundeskanzler sein?" (Interview-Podcast). *Alles Gesagt*, 11.10.2019. https://www.zeit.de/gesellschaft/2019-10/rezo-interviewpodcast-alles-gesagt. Letzter Zugang: 1.3.2020.

aẓ-Ẓafīrī, 'Alī. „ad-Drūnz… al-ḥarb aṣ-ṣāmita" (Drohnen… der leise Krieg) (Talkshow). *Fī l-'umuq* (In der Tiefe). 30.12.2013. http://www.aljazeera.net/programs/in-depth/2013/12/30/الـدرونـز-الـحرب-الـصامـتة. Letzter Zugang: 20.2.2020.

Böhmermann, Jan. *Neo Magazin Royale*, ZDF (TV-Sendung), 13.6.2019. https://www.youtube.com/watch?v=wBc81Umw8Qw. Letzter Zugang: 28.2.2020.

Cardoso, Gonçalo F. und Ruben Pater. *A Study into 21st Century Drone Acoustics* (Schallplatte). *Discrepant Records*, 2015. http://droneacoustics.org/. Letzter Zugang: 1.12.2020.

Drehkopf, Kathrin. *Zapp. Das Medienmagazin*, NDR, 23.10.2019. https://www.youtube.com/watch?v=n9LdUQyrLmM&t=289s. Letzter Zugang: 28.2.2020.

ECCHR Berlin. „Yemenis Ssue Germany for Ramstein Role in US Drone Warfare" (Dokumentarfilm). *Youtube*, 22.5.2015. https://youtu.be/Gva2MfRIoAk. Letzter Zugang: 7.7.2020.

Husain, Yusuf. *Joe Show* (Youtube-Show), 2014–heute. https://www.youtube.com/c/JoeShow-Alaraby/about. Letzter Zugang: 1.4.2021.

Jung, Tilo und Stefan Schulz. „A!386 – Rezo-Folge" (Podcast). *Aufwachen! & Nachrichten gucken*, 18.6.2019. https://aufwachen-podcast.de/2019/06/18/a386-rezo-folge/. Letzter Zugang: 20.2.2020.

Milkman, Arielle Janet. „Drone: Anthropology, Poetry, Military" (Podcast). *Anthropod. The SCA Podcast*, 2017. https://culanth.org/fieldsights/1197-drone-anthropology-poetry-military. Letzter Zugang: 24.3.2020.

NBC News. „Former Drone Operator Says he's Haunted by his Part in more than 1,600 Deaths" (TV-Bericht), 6.6.2013. http://investigations.nbcnews.com/_news/2013/06/06/18787450-former-drone-operator-says-hes-haunted-by-his-part-in-more-than-1600-deaths. Letzter Zugang: 2.2.2020.

NDR Panorama. „Aufrüstung ohne Debatte: Kampfdrohnen für die Bundeswehr" (TV-Bericht), 26.7.2012. https://daserste.ndr.de/panorama/aktuell/Bundeswehr-AKK-will-Kampfdrohnen,drohnen352.html. Letzter Zugang: 20.3.2020.

NDR Panorama. „US-Drohnenkrieg läuft über Deutschland" (TV-Bericht), 30.5.2013. https://daserste.ndr.de/panorama/media/US-Drohnenkrieg-laeuft-ueber-Deutschland-,panorama4523.html. Letzter Zugang: 20.3.2020.

Nguyen-Kim, Mai Thi. „Rezo wissenschaftlich geprüft" (Video). Youtube-Kanal *maiLab*, 23.5.2019. https://www.youtube.com/watch?v=tNZXy6hfvhM. Letzter Zugang: 20.2.2020.

o.A. „President Obama Explains Drone Strikes" (Video-Mitschnitt einer Diskussion). *Youtube*, 2.7.2016. https://www.youtube.com/watch?v=Fi1t_aqhCks. Letzter Zugang: 2.2.2020.

o.A. „General Atomics MQ-9" (Videoaufnahme einer MQ-9 Reaper im Flug). *Wikipedia*, o.D. https://de.wikipedia.org/wiki/General_Atomics_MQ-9. Letzter Zugang: 20.2.2020.

o.A. „What a Hellfire Missile Does" (Dokumentarfilm, Ausschnitt). *YouTube*, o.D. https://www.youtube.com/watch?v=UjSYSO7-cM0. Letzter Zugang: 20.2.2020.

Oliver, John „Drones" (TV-Sendung). *Last Week Tonight with John Oliver*, HBO, 28.9.2014. https://www.youtube.com/watch?v=K4NRJoCNHIs. Letzter Zugang: 13.3.2020.

Poitras, Laura. *Citizenfour* (Dokumentarfilm). 2013.

Rahmstorf, Stefan. „Das Rezo-Video im Faktencheck" (Video), 24.5.2019. https://scilogs.spektrum.de/klimalounge/das-rezo-video-im-faktencheck/. Letzter Zugang: 4.1.2020.

Reintjes, Thomas. „1 oder 0, Leben oder Tod" (Radio-Feature). *Deutschlandfunk Kultur*, 2015. http://blogs.deutschlandfunk.de/Kampfroboter/2013/12/18/1-oder-0-leben-oder-tod/. Letzter Zugang: 14.12.2020.

Rezo. „Die Zerstörung der CDU" (Video-Essay). Youtube-Kanal *Rezo ja lol ey*, 18.5.2019a. https://www.youtube.com/watch?v=4Y1lZQsyuSQ. Letzter Zugang: 20.2.2020.

Rezo. „Hier sind alle Quellen vom CDU-Video" (Material zum Video). *Rezo ja lol ey*, 18.5.2019b. https://docs.google.com/document/d/1C0lRRQtyVAyYfn3hh9SDzTbjrtPhNlewVUPOL_WCBOs/edit. Letzter Zugang: 5.5.2021.

Rowley, Richard und Jeremy Scahill. *Dirty Wars: The World Is a Battlefield* (Dokumentarfilm). 2013.

Rushing, Josh. *Robot Wars* (Dokumentarfilm). 2011.

Schmidt, Harald. *Die Harald-Schmidt Show*. Sat.1/Sky/Das Erste (TV-Sendung), 1995–2014.

Sicherheitshalber. „Drohnenkrieg um Bergkarabach" (Podcast), Folge 35, 24.10.2020. https://sicherheitspod.de/2020/10/24/folge-35-drohnenkrieg-um-bergkarabach-ist-das-die-zukunft-bundeswehr-im-inneren-alles-corona-oder-was/. Letzter Zugang: 1.4.2021.

Youssef, Bassem. *Al-Bernameg*. CBC/OnTV Egypt (TV-Sendung), 2011–2014.

www.ingramcontent.com/pod-product-compliance
Lightning Source LLC
Chambersburg PA
CBHW052215240426
43670CB00037B/635